和華
第 36 号

特 集 日中幼児教育の最前線

和華の輪

文・写真／『和華』編集部

日中幼児教育の最前線

現在、日中両国とも少子化に直面している。「経済的にも精神的にも余裕がないから子供が欲しくない」、「自分の人生を存分に楽しみたい」などの理由で子どもを持たない人が増えている。

厚生労働省によると、2022 年 1 月から 9 月までに日本国内で生まれた子どもの数は外国人も含めた速報値で 59 万 9636 人で、2022 年は統計を取り始めた 1899 年以降で初めて 80 万人を下回る可能性があると言われている。一方、中国国家統計局の調査データによると、2021 年に中国の出生数は 1062 万人となり、2020 年の 1200 万人より 138 万人少なく、過去最低水準とな った。

少子化に伴い、教育熱心な親が増えている。特に小学校に入るまでの幼児に対して行う「幼児教育」が重要視されている。なぜなら、脳の成長を含め、人間形成の基礎は幼児期に築かれるからだ。脳科学分野の研究では人間の脳は 3 歳までに 8 割、6 歳までには 9 割が完成すると言われている。幼児期に経験したことは集中力、学習力、好奇心などを養うだけではなく、創造性、知性や社会性の基礎まで変えていく。

世界各国が同じように幼児教育を重視している。日本の保育園や幼稚園は遊びながら集団生活に必要なルールやマナーなどを学ばせ、生活習慣や価値観を形成させる、豊かな心の教育に重点を置いている。それに対して、競争が激しい中国では、親が小さいころから子供に習い事をさせ、早期教育に非常に熱心だ。また、在日華人は中国と日本の文化を融合させながら独自の教育方針を見せている。

『和華』今号では、日中両国の少子化の社会的背景、中国幼児教育の概観、在日華人の独特な教育、今注目されている非認知能力教育をはじめ、日中幼児教育の最前線を紹介するとともに、日中両国の社会文化の違いを多元的視点で注目したい。

数字でわかる！日中の子育て事情

文・写真／『和華』編集部

共に少子化に直面している日本と中国。そのリアルな現状は一体どうなっていくのか？ここでは日中の出生数と合計特殊出生率、女性が希望する子どもの数、女性の就業率、託児所等の利用率・待機児童数、産前・産後の休業などの日中の事情を紹介する。

出生数と合計特殊出生率

中国：いずれも過去最低

中国国家統計局の調査データによると、2021年に中国の出生数は1062万人となり、2020年の1200万人より138万人少なく、過去最低水準となった。出生率も1.3に止まった。2021年12月に発表された「中国人口予測報告2021版」によれば、2021年における中国の出生率は1.1まで低下すると予測していた。

日本：出生数過去最低

厚生労働省「人口動態統計（確定数）」2021年のデータによると、2021年に生まれた日本人の子ども（出生数）は81万1604人で、データがある1899年以降で最少となった。1人の女性が一生のあいだに産む子どもの数（合計特殊出生率 *）は1971年の2.16から減少を示し、2005年には1.26と最低を記録した。その後は上昇傾向が続いたが、2016年以降は再び減少に転じ、2021年は1.30となって、過去4番目の低水準となった。

* 合計特殊出生率 (期間合計特殊出生率)= その年における 15 歳 ~ 49 歳の女性の年齢別の出生率を合計した数字。1 人の女 性が、仮にその年の年齢別の出生率で一生の間に子どもを産むと仮定した時の子どもの数に相当。

女性が希望する子どもの数

中国：女性が 1.64 人、過去最低

中国国家衛生健康委員会人口家庭司によると、中国の若者の出産希望は低い数値が続き、出産可能年齢の女性が望む出産人数は2017年調査で平均1.76人、2019年調査で1.73人、2021年調査では1.64人と減少が続いている。

日本：女性が 1.79 人、過去最低

日本国立社会保障・人口問題研究所の出生動向基本調査によると、2021年6月時点で未婚者のうち、将来結婚する意向がある人が希望する子どもの数は、女性が同1.79人で、いずれも過去最低であった。また、女性の希望が2人未満となったのは初めてだった。

女性の就業率

中国：女性の就業率 68.57%

　世界銀行のデータによると、2019 年における 15 〜 64 歳の女性の世界平均就業率は 52.6% であり、中国女性の就業率は 68.57% となっている。このことから中国の女性労働参加率は比較的高く、共働きの夫婦が多いことが伺える。

日本：子育て世帯で母親が就業している割合は 75.9%

※ パート・非正規雇用も含む

　厚生労働省が実施した 2021 年の国民生活基礎調査によると、日本では子育て世帯で母親が就業している割合が、初めて 4 分の 3 に達した。子ども（18 歳未満）がいる世帯のうち、母親が「仕事あり」と答えたのは 75.9% で、前回の 19 年調査よりも 3.5 ポイント増加。現行の統計を取り始めた 2004 年以降で最高となった。

託児所等の利用率・待機児童数

中国：乳幼児の入所率は5.5%程度

2021年の国家衛生健康委員会人口家庭司のデータによると、現在中国には0～3歳の乳幼児が約4200万人おり、その3分の1以上が保育サービスを必要としている。しかし、各種保育施設への乳幼児入所率は約5.5%に止まり、8割近くの乳幼児が親あるいは祖父母に養育されているため、家族の養育負担はより重くなっている。

日本：待機児童、過去最少2944人

厚生労働省の集計では、2022年4月1日時点で認可保育所などに入所できない待機児童数は前年比52.3%減の2944人となった。3000人を下回ったのは1994年の調査開始以来初めてで、4年連続で過去最少を更新した。認可保育所や認定こども園等受け皿の拡大で、定員数は322万7110人となり、待機児童は直近のピークである2017年の2万6081人と5年で1/9まで減少した。

産前・産後の休業

中国：産休・育休の期間が短い

　中国の『女職工労働保護特別規定』によると、女性労働者には出産にあたり98日間の休暇が与えられ、そのうち15日間は出産前に取得でき、難産の場合は15日間、双子以上の場合は1人増えるごとに15日間追加で付与される。妊娠4カ月前に流産した場合は15日間、妊娠4カ月後に流産した場合は42日間の産休を取得することができる。近年、中国の各省で改正された新しい新計画生育条例により、出産休暇は全般的に延長されている（ほとんどの省で158日に延長された）。

　『人口与計画生育法』（2022年）によると、国家は条件の整った場所での育児休暇の設置を支援している。現在、中国の20以上の省が『人口与計画生育法』に関する規定を改訂し、3歳までの子どもを持つ夫婦にそれぞれ年間5日から30日の育児休暇を与えることを定めている。（重慶では子どもが6歳になるまで夫婦ともに毎年育児休暇が認められている）

日本：産休・育休充実

　日本では産前産後休業（産休）は労働基準法で定められている。産休の休業日数は、産前は出産予定日を含む6週間（双子以上は14週間）以内で、出産予定日よりも実際の出産日が後の場合はその差の日数分も産前休業に含まれる。産後は8週間以内とされている。

　育児休業（育休）とは、養育する子どもが満1歳（保育所に入所できない等一定の場合は最長満2歳）の誕生日を迎える前日まで認められている休業。父母がともに育休を取得する場合は、1歳2ヵ月まで取得期間が延長される「パパ・ママ育休プラス制度」がある。父・母1人ずつが取得できる休業期間（母親は産後休業期間を含む）の上限は1年間。

日本と中国の子育て費用

公開

　子育ての費用には主に出産関連費用、教育費、養育費等がある。教育費とは、学校にかかるお金や受験費用、習い事代、学習塾費用などが該当する。一方、養育費は食費、衣服費、医療費、子どものお小遣い代、生活用品費などが該当する。

　当然ながら子育ての費用は各国の発展状況、子どもの進路や年齢によって変化する。ここでは、日本と中国のそれぞれの子育て費用について紹介する。

　中央日報（日本語版）の報道によると、米国投資銀行ジェフリーズ・ファイナンシャル・グループ（JEF）は14ヵ国を対象にして調査したデータから、子どもが誕生してから18歳になるまでの子育て費用が世界一高いのは韓国であることが分かった。韓国は1人あたりGDPの7.79倍（2013年基準）となり、2位は中国で1人あたりGDPの6.9倍。そして、英国（5.25倍）、日本（4.26倍）・米国（4.11倍）・ドイツ（3.64倍）などが挙げられた。

　韓国と中国の養育費の負担が重い理由について、高い教育・保育費、格安で子どもを預けられる場所があまりないことがあるとJEFは分析している。

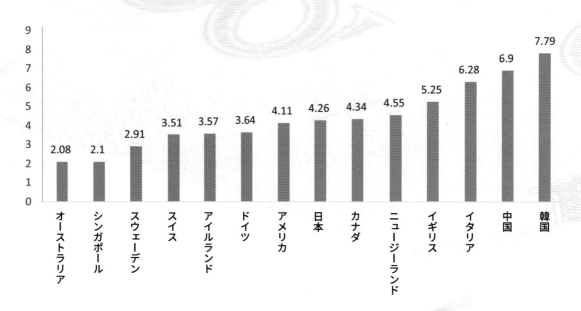

18歳までの養育にかかる費用　一人あたりのGDP倍数による比較

中国は世界で二番目に高い。（1人あたりGDPの6.9倍）
日本は中国より低く、アメリカより高い。（1人あたりGDPの4.26倍）

中国の子育て費用の詳細

　出産関係の書類やカード等の作成、栄養食、妊婦検診費用、妊娠準備用品など、妊娠にかかる費用は平均1万人民元（約20万円）程度と推定される。

　入院費や通常出産・帝王切開などにかかる費用には大きな幅があるものの、平均的な支出額は1万5000元（約30万円）と推定される。産後にケアセンターに通う場合はコストがさらに高額になる。

　0～2歳の乳幼児を育てるコストは、1人あたりの消費支出を同じと仮定すると、3年では6万4677元（約129万円）である。

　3～5歳の子育て費用は、一人あたりの消費支出と幼稚園や就学前教育で、3年間の合計が10万677元（約201万円）である。

　6～14歳までは義務教育で、親自身の教育にかける支出は少ないが、一人あたりの消費支出と各種の費用を入れると、26万8792元（約538万円）である。

　高校は義務教育ではなくなり、また中には寮制の高校に入っている学生もいるため、15～17歳の高校3年間の子育て費用は2万6072元（約52万円）となる。

　国公立・私立大学の平均的な学費は1学年1万元（約20万円）、宿泊費は年間1500元（約3万円）、生活費は月2000元（約4万円）で計算すると、学部在学中の年間子育て費用は4年間で合計14万2000元（約284万円）となる。

　上記の方法で計算すると、0歳から大学卒業まで子どもを育てるのにかかる平均費用は62万7218元（約1254万円）になる。

※本文は1元＝20円で計算している。

中国 大学卒業までにかかる平均費用 62万7000元（約1254万円）

　2022年2月、中国の著名な人口経済学者でありCtripグループの共同創業者兼取締役会長の梁建章氏は、オンラインメディアを通じて『中国生育成本報告2022版』を発表した。本レポートは、中国国家統計局が発表した住民の所得と消費支出のデータ、各種物価をもとにしたさまざまな育児コストを元にしている。

　2020年、2021年は新型コロナウイルス感染症による変動が大きいため、2019年のデータを参考としている。2019年中国住民の一人あたりの消費支出は2万1559元（約43万円）、そのうち都市部住民は2万8063元（約56万円）、農村部住民は1万3328元（約27万円）である。

　この報告書によると、中国の家庭が子どもを高校まで育てるのに必要な平均費用は48万5000元（約970万円）であり、一人あたりGDPの6.9倍に相当する。大学の授業料や生活費は依然として親が負担しているため、大学4年間の子育て費用の平均が14万2000元（約284万円）であることから、中国の家庭で子どもを大学卒業まで育てるのにかかる費用は62万7000元（約1254万円）ということになる。

　これが全国平均の養育費で、大都市ならより高い。中国全土の31省・市に目を向けると、一番高いのは上海の家庭で、大学4年の費用を除き、子育て費用は102万6000元（約2052万円）となっている。それに対して、貴州省の家庭の子育て平均養育費は33万3000元（約666万円）である。

O歳から大学を卒業するまでにかかる全国平均養育コスト

【出典】育媧人口

段階	0-17歳	大学4年間	合計
コスト	約970万円	約284万円	約1254万円

日本 公立・私立で違う子どもの教育費 約1000万円〜2400万円

日本政策金融公庫「令和3年度 教育費負担の実態調査結果」によると、世帯年収に占める教育費用の割合は、200万円以上400万円未満で26.7%、400万円以上600万円未満は21.1%、600万円以上800万円未満は15.5%、800万円以上は11.6%だった。

子どもが公立・私立のどちらに通うのかによって、教育費は大きく異なる。幼稚園から大学までの19年間、すべて国公立に通った場合の総額は約1000万円、これに対してすべて私立に通った場合には約2400万円。

実際の進路は小・中学校は公立、高校・大学は私立というように、公立校と私立校が混在していることがほとんどなので、一般的には1000万円から2100万円の間の金額を推移すると考えられる。幼稚園から大学まで様々なパターンに分けて、教育費の平均をご紹介する。

	幼稚園	小学校	中学校	高校	大学※	合 計
すべて 国公立の場合	約45万円	約193万円	約146万円	約137万円	約477万円	約998万円
すべて 私立の場合	約45万円	約959万円	約422万円	約290万円	約651万円	約2417万円

※ 大学…国公立：文理系、私立：文系 どちらも自宅通学
※ 幼稚園については幼児教育無償化を反映し授業料分を控除

【出典】
日本政策金融公庫「令和3年度 教育費負担の実態調査結果」
文部科学省「平成30年度子どもの学習費調査」
独立行政法人日本学生支援機構「平成30年度学生生活調査結果」
文部科学省「令和3年度私立大学等入学者に係る初年度学生納付金平均額（定員1人当たり）の調査結果について」

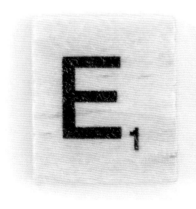

「二人っ子政策」に移行後

出生率は過去最低に

　2016年以降、中国は「二人っ子政策」を全面的に推進し、30年以上続いた「一人っ子政策」に終止符を打った。それから7年近く経った今、中国の第2子出産と出生率はどのように変化したのだろうか。

　中国公安部の統計によると、中国の新生児数は2016年が1786万人、2017年が1723万人と、2015年に比べて大幅に増加しており、第2子を希望する多くの家庭がこの2年間で第2子を出産していることがわかる。しかし、2016年に段階的に最高記録を記録した後、新生児人口は再び減少に転じ、「二人っ子政策」の効果が徐々に薄れつつあると言われる。

　2020年の中国の新生児の戸籍登録数は1003万5000人で、1000万人を割り込もうとしていた。2021年の年間出生数は1062万人、出生率は人口千人当たり7.52人と過去最低水準となり、人口は前年度末から48万人しか増えず、国の予測によると、中国の国内総人口は2027年以降、マイナスに転ずる時代に突入するという。

の中国人口

文・写真/『和華』編集部

「二人目の壁」の「壁」って何？

子どもは二人以上ほしいが、家庭の事情や育児に対する不安から悩んでしまう「二人目の壁」。このような「壁」が起こるのには、いくつかの理由がある。

第一に、妊娠可能な年齢が限定されていること。「二人っ子政策」は推進されたものの、70代生まれ以降の世代はすでに出産適齢期を過ぎており、子供が欲しくても作れないというケースがある。

第二に、子育てにかかる費用が高いということが挙げられる。親は子育てのために多くのエネルギー、物質、資金を投入する必要があり、そのコストは少なくとも40万円から100万円かかる。また、男の子が生まれた場合は将来結婚する時に家を購入する必要があり、経済的に大きな負担となっている。

第三に、不動産価格の高騰が第二子出産への意欲を削いでいる点だ。家を買う余裕がなく結婚ができず、結婚したとしても高い住宅ローンの重圧が待っている。更にこどもが一人増えれば、子どもを育てる空間が必要となり、経済的な負担も増える。

第四に、考え方の変化が挙げられる。現在出産適齢期を迎えている1980年、1990年、2000年以降生まれの人々の考え方はより先進的且つ開放的である。彼らにとってもはや子どもを多く持つことは幸せであり、子どもを育てることは老いを防ぐという考え方は一般的ではない。晩婚を選択する若者も少なくなく、ディンクス（子どものいない夫婦）、さらには結婚自体を選ばない者も増えてきた。

中流家庭の第二子出産がさまよい、低所得者層が主力に

第二子を産むことにより家庭のプレッシャーは確実に増加することになるが、第二子を産まなければ子どもは独りぼっちになってしまう…このジレンマの中で、ある社会現象が現れている。それは中流家庭が第二子出産の岐路に立ってさまよう中で、低所得層の家族が第二子出産の大きな主力層になっていることだ。なぜこのような現象が起こるのか、その主な理由は、親の養育意識と教育目標の違いにあると言える。

中流家庭の親は一般的に高学歴で、子どもを持つことはその責任を負うことであり、家族に寄り添い、生活の質を向上させ、教育費の支出は厭わないなど、努力とお金を惜しんではいけないと考えるのが一般的である。特に教育には熱心で、幼い頃から子どもたちにさまざまな塾や趣味の教室に通わせ、将来、自分の人生の価値観を実現できるよう、より優秀な子に育てることを目指している。同時に、自分たちの年金や貯蓄もあるので、老後のことを考え、あまり子どもにプレッシャーを与えないように考えている。

一方、低所得者層の親の多くは、現状を変えられないこ

とを自覚しているため、家族の運命を変える希望を子どもに託し、子どもが一人増えることは一つの希望が増えるということを目指している繋がるのだ。その一方で、子どもの生活水準や教育水準への要求は高くなく、「子どもが増えるのは箸の数が増えるだけ」と考えている。子どもの将来に対して成長や職業など高望みをせず、食べるものが十分にあり、義務教育を終えたら、仕事を持ち、将来自分たちの老後を養うことができれば十分だと考えている。

養育と教育目標に対する認識の違いから、低所得者層は養育を重視し、あるいは少々雑に扱ってもよいと考え、中流層は養育だけでなく、教育の両方に目を向けている。この両者の考え方が異なる点から、心理的、経済的プレッシャーにつながり、ジレンマが生じていると考えられる。

新生児人口の継続的な減少とは対照的に、中国の高齢化のスピードはますます加速している。国家統計局によると、2022年初頭、中国の65歳以上の高齢者人口は2億人を超え、総人口の14.2%を占めるとされている。2021年以降、中国は着実に中高齢化社会に突入し、人口ボーナスの消滅が今後の中国の大きな課題となっていると言える。

中国における早期教育
子の大成はスタートラインにあり

低年齢化する教育投資

中国人は昔から教育を重視し、「息子は龍に、娘は鳳凰に」、「どんなに苦しくても子どもに苦労をかけてはならない、どんなに貧しくても教育をなくしてはならない（元は周恩来の言葉）」という家族観が人々の心に深く根付いている。そのため、子どもの年齢が小さいほど、支出は多くなる傾向である。

ある調査データによると、中国の新中間層の2大支出は家と子どもが占めるとのこと。教育費は、日用品、家賃・住宅ローンに次ぐ第3の生活費内の支出となっている。所得が高いほど、子供の教育費に占める割合が高い。『中

国家庭教育消費白書』によると、就学前教育費は家庭の年間収入の26.39％を占め、そのうち40％の子どもが私立幼稚園に通い、10％の子どもの年間授業料が1万元以上、89.92％の子どもが習い事に通った経験がある。

近年、「赤ちゃんの可能性を伸ばす」「スタートラインで勝つ」をスローガンに、さまざまな幼児教育機関が次々誕生している。幼児向けの外国語、美術・芸術、さらにはゴルフ、ヨガなどの「舶来品」が中国の早期教育分野に登場し始め、早期教育の重要性が日に日に、中国の若い親たちに認識され始めている。

拡大する幼児教育市場

　2022 年 5 月まで、中国には幼児教育機関関連の企業が 16 万7000 社以上登記されており、そのうち 2021 年に新たに登記された企業は 6 万 7000 社以上で、成長率は 84.2% と過去最高を記録している。地理的な分布を見ると、山東省、広東省、江蘇省が最も多く、それぞれ 2 万 1000 社、1 万 7000 社、1 万 6000 社余りの関連企業が存在する。

　智研コンサルティング会社が発表した『2021 年〜 2027 年中国幼児教育産業の競争現状と発展動向に関する調査報告書』によると、2010 年の中国幼児教育産業の市場規模は 1 万 2170 億円だったが、2020 年の中国幼児教育産業の市場規模は 5 万 9635 億円に達し、2019 年と比べ 7145 億円増、前年比 13.61% 増となることが明らかになった。 中国の 0 〜 6 歳児向け幼児教育市場規模は、2025 年には 8 万 8334 億円人民元を超えると予想されている。国民所得の上昇、国家的な「二人っ子政策」の全面開放、幼児教育業界への優遇政策の導入により、新しい世代の親は幼児教育や保育を受け入れるようになってきている。 今後、二級・三級都市の経済発展と教育に対する投資額の上昇に伴い、中国の幼児教育産業はますます成長していくと予側される。

早期教育の開始時期は遅いが、発展は著しく早い

中国公安部の統計によると、2021年の出生数は1062万人で、出生率は1000人あたり7.52人と過去最低水準となった。現在、中国には0〜6歳の就学前児童が1億1300万人、0〜3歳の乳幼児が約6000万人いると言われている。乳幼児の1/3が保育を必要とするにもかかわらず、各種保育施設への入所率は5.5%程度にとどまっている。8割近くの乳幼児は親や祖父母に世話を任せられており、家庭での負担は比較的重い。

中国の幼児教育は発展が遅れており、公的教育経費の約1.3%しか就学前教育に使われておらず、就学前教育の資金不足は深刻な状況である。社会では「早期教育＋保育」の混合型ビジネスモデルを選択する施設が増えている。

現在、中国の早期教育機関には2つのタイプがある。1つ目は公立で、主に一級都市にある学校である。ただ数は少なく、敷居が非常に高いのが特徴だ。2つ目は主に教育グループが運営する利益重視の民間幼児教育機関で、広範囲にあたり分布し、数も多く、市場の大部分を占めている。民間の幼児教育機関は、国内ブランドと国際ブランドが共存し、大規模チェーンと小規模な地域ブランドが共存していることが特徴である。

幼児教育の需要は高く、市場も急成長しているにも関わらず、制度化が追いついていないため、近年、幼児教育機関のトラブルが多発している。主な問題点は次のようなものがある。まずカリキュラムが不合理であること。ほとんどが欧米の教育モデルをそのまま取り入れており、現地向けにカスタマイズしたカリキュラムが欠如している。また規制や管理の仕組みが整っておらず、品質にばらつきがあること。それに、費用が高く、授業料が市場によって決まってしまうこと。加えて教師の専門的なレベルが高くなく、職員の離職率が高いことなどが挙げられる。

2019年、国務院弁公庁は「3歳以下の乳幼児のケアサービスの発展促進に関する指導意見」を発表し、初めて全国レベルでの幼児教育産業の発展に関する指針を示した。第14次5カ年計画では、保育サービスの整備を重点項目とし、人口1000人あたりの保育所数を現在の1.8から第14次5カ年計画終了時に4.5まで増やすことが明記されている。国の施策は、幼児教育業界の制度化への要求を提出するものであると同時に保育分野の発展を支える重要な推進力となっている。

文化的背景の違いに基づく
日中保育園と幼稚園の違い

文・写真/庄子楓

しょうじ　かえで
庄子　楓

2006年　高校を卒業して来日
2012年　埼玉大学教育学部で小学校・中学校教員免許を取得
2014年〜2016年　埼玉県公立小学校教諭
2021年〜現在　一般社団法人 日中児童健康Lab 代表理事

発展最中の中国保育園、変わりつつある親世代

　保育業界が成長を続ける日本と異なり、中国の託児所は急増→急減→急増の歴史を経験してきました。1980年代、女性の社会進出を促進する目的で、政府や国有企業が運営する福祉施設や、個人が自宅で運営するミニチュア保育などの形態の託児所が急増しました。一方で、市場経済が確立し民間企業が成長した1990年代においては、託児所の数が著しく減少しました。託児所の数が激減した理由は、大きく分けて3つあります。第一に、一人っ子政策による適齢乳幼児の減少です。第二に、国有企業の民営化により、利潤を強く追求する民営企業によって多くの託児所が閉鎖されたことです。第三に、中国における就学前教育の発展は、3歳から6歳の子どもを対象とした幼稚園の整備に重点が置かれたことです。

　しかし、2016年からの「二人っ子政策」の実施や社会・家族構造の変化(主に高齢化)など、中国では保育に対する需要が再び高まりつつあります。2019年5月、国務院は「3歳以下の乳幼児の保育服務発展促進指導意見」を発表し、10月には保育施設の設置や運営を規制する業界標準となる「保育施設設置基準」「保育施設運営基準」を発表しました。こうして中国は2019年に「保育元年」を迎えました。

　3歳未満の乳幼児の入園率は2021年でわずか5.5%、全国の保育園の数は2万ヵ所未満だったものが、2022年には8万ヵ所以上となりました。中国の保育業界の発展は、コロナの影響を強く受け、予定通りには進んでいませんが、社会でも家庭でも、保育に対する認識は変わりつつあります。

大阪 Rabbit 保育園

京都千代川こども園

中国：入園率が極端に低い、２歳まで主に家族が面倒を見る
日本：入園率が高い、生後 57 日以上から保育園で預けられる

日本の保育園の入園率（2018 年）が０歳児 13.4％、１歳児 35.3％、２歳児 43.3％、３歳児 43.6％、４歳児 42.2％、５歳児 40.7％であるのに比べ、中国の０〜２歳児の入園率は 5.5 と、いまだ大きな開きがあります。ここには、保育園の数が十分でないことに加え、家庭の認識の違いが要因としてあります。なお、中国では３歳から幼稚園への「進学」が前提となっているため、３歳児以降の保育園の入園率は極めて低いのが実情です。

子供１人に両親２人、祖父母４人という家族構成は、長年の「一人っ子政策」によって形成されてきました。中国では共働きの家庭が一般的ですが、女性の育児休暇は３〜６ヵ月しかもらえません。母親が職場に戻ると、昼間の子どもの世話は祖父母に引き継がれるため、中国では祖父母が子どもの面倒を見ることが多く、そのため、「２歳までは家族に預けた方が安全」という考えのもと、子どもの過剰保護になりがちです。保育園に入園した子どもが少しでもけがをすると、保育園の責任が問われます。

一方、日本では祖父母が育児を手伝う習慣は現代においてはほぼなく、共働きの家庭の子どもは保育園に入れざるを得ないため、保育園を受け入れやすい土壌ができています。

中国：３回食＋一斉降園
日本：２回食＋順時降園

中国と日本の保育園では、園内での生活にも多くの違いがあります。最も顕著なのは、保育園での食事の頻度です。

日本の保育園では、昼食と午後のおやつのみで、乳児だけ午前中におやつを提供します。一方、中国の保育園では、１日３回の食事と、午前と午後にそれぞれおやつが提供されます。つまり、親は朝、子どものために料理をする必要がなく、夕方帰宅してから食事も軽く与えればよいのです。保育の面でも料理の面でも、保護者の負担を大きく軽減できます。

また、日本のように３時や４時に順次迎えに行くのではなく、中国では５時に一斉に降園する保育園が多いのも大きな違いです。

上・下：北京优迦国際保育園の子どもたちが園外活動をする様子

写真/『和華』編集部

中国：保育士制度は整備段階
日本：保育士は国家資格

日本で保育士になるには、まず保育士資格を取得する必要があります。国家資格であるため、合格率は20％前後と低く、専門知識に加え、実技試験と実務経験が必要とされます。一方で、現在の中国の保育業界には、この観点が非常に不足していると見られます。

中国では2019年に保育業界の発展に関する規定が出され、保育士の育成について言及があった一方、その基準や運用については触れられておらず、まだ多くのギャップが存在します。現在、保育園の先生の多くは就業前に専門教育を受けていない人が多く（一部は主婦）、その育成は各園で個別に行われ、業界での統一された基準や規範もありません。また、参考にする先進国によって、園の保育方針が異なることも、先生の質に差が出る一因となっています。

中国の保育はまだ始まってまもなく、社会と家庭の双方からプレッシャーを受けているものの、0～3歳の乳幼児の重要な形成期において大切な役割を担っています。海外に目を向けて先進的な保育理念を学び、国情を考慮した上で、より多くの子どもに恩恵を与える保育内容を開発することが重要です。日本は、子どもの文化や習慣、体質などの面で中国に近く、保育が充実しており、先生も親切かつ専門的なので、中国の先生が日本の保育システムを学びたいと思うのは当然で、日中の保育業界の交流の機会にもなっているのです。

①②③北京优迦国際保育園の子どもたち

参考資料：
艾媒体報告『2019~2020年中国幼児託育産業発展白書』
令和元年版『少子化社会対策白書』
『知的資産創造』／2015年8月号（NRI）

杭州柚子樹託育聯合センター

一本道の中国幼稚園、多肢発展の日本幼児教育

就学前教育は幼児教育とも呼ばれ、一定の教育目標と幼児の特性を踏まえ、集団の中で豊かな経験を積み、基礎的な生活能力を身につけ、小学校に入学できるように計画的に行われる教育です。

日中双方とも、幼稚園は公立と私立で構成されています。中国の3〜5歳児は基本的に幼稚園に入園しており、「幼稚園教育指導計画」実施以来、3期連続（12年）で就学前教育行動計画が実行されました。2020年の全国就学前就学率は85.2%、全国の幼稚園数は29.2万園、そのうち公立が12.4万園、私立が16.8万園となっています。日本では、3〜5歳児は、幼稚園のほかに、保育園または幼保連携型認定こども園という選択肢もあります。現在、日本には10,070の幼稚園があり、そのうち公立幼稚園は3532園（うち国立49園）、私立幼稚園は6538園で、中国と同様に私立幼稚園の割合が高いです。

2019年、日本は就学前教育・保育の無償化政策を実施し、3〜5歳児の授業料が無償化されました。近年、中国は就学前教育を発展させ、教育規模の拡大、質の高い資源の拡充、幼児教育教師の最適化、公立幼稚園の整備を急速に進めていますが、まだまだ無償化には程遠いのが現状です。

中国：在園時間長い＋昼寝あり
日本：在園時間短い＋昼寝なし

日中幼稚園の一日の流れについて一番の違いは、幼稚園の在園時間です。中国の幼稚園は、働く親の利便性を考え、7時半から17時まで子どもを受け入れているのに対し、日本では専業主婦の比率が高く、幼稚園に通う子どもの母親の多くは無職、あるいはパートであるため、子どもの早い時間での送迎が可能です。日本の幼稚園でも早朝保育や延長保育が導入されていますが、受け入れ可能な人数に制限があり、また区役所や市役所の認定が必要なため、誰もが申し込めるわけではありません。

次に、中国の幼稚園では1日3食の給食がありますが、日本の幼稚園では昼食のみで、その半分は母親の手作り弁当です。

第三に、中国の幼稚園には昼寝の時間がある一方、日本の幼稚園にはないことです。

第四に、中国の幼稚園は子どもの在園時間が長いので、教育活動の時間が長いということです。日本の幼稚園でも延長保育が導入されていますが、申請できる子どもの数は限られており、延長保育のための教育プログラムもなく、ほとんどが自由遊びとなっています。

大阪文の里幼稚園

杭州柚子樹託育聯合センター

中国：教員が多い＋給食充実
日本：教員が少ない＋弁当文化

　前述したように、日本では幼稚園に延長保育があっても、延長保育の先生の比率や保護者の勤務状況の認定などの条件により、すべての子どもが申し込めるわけではありません。日本では、「現行の保育所・幼稚園・認定こども園の基準」において、幼稚園1学級の幼児数は、35人以下を原則とし、各学級に専任の先生を1人置くことが定められています。「預かり保育の無償化に係る配置基準」によると、子ども20人につき1人の教員が必要とされており、幼稚園の教員数が少ないため、延長保育の可能な人数が制限されています。

　一方、中国の幼稚園の先生の数は圧倒的に多く、「就学前教育教学規則」によると、年少クラス25人、年中クラス30人、年長クラス35人が上限となっています。全日制の幼稚園では、1クラスに専任の先生2名と保育士1名、または専任の先生3名が配置されなければなりません。

　中国を訪れた日本の先生方の多くは、幼稚園で3食とも食事が出ることに驚かれます。3食のほかに2回のおやつタイムがあり、学校から帰ってきた子どもたちは、夕方になると親と一緒にまた夕食をとります。このような食のスケジュールは、親にとっては便利なのですが、中国の子どもの肥満率が日本の子どもより高い理由の一つにもなっています。

　中国の幼稚園では3食の給食が提供されるのに対して、日本の幼稚園における給食の提供は、民間業者が行った調査（トゥーエイト/2018年3月）によると、完全給食の幼稚園が30％、曜日によって給食と弁当が交互という幼稚園が32％であり、お弁当のみという幼稚園はわずか9％でした。弁当という選択肢が残る最大の理由は、子供が弁当を食べることで母の愛情を感じられるからです。しかし、母の愛情にはさまざまな形があるはずで、日本においても共働き世帯が首都圏を中心に増える中、弁当を毎日作ることへの負担感や世帯間の格差等、問題が顕在化しつつあります。

京都大井こども園

杭州柚子樹託育聯合センター

写真/『和華』編集部

日本の幼稚園にはどうして昼寝がないのか？

筆者が考えるには中国と日本の幼稚園の最大の違いは昼寝の有無です。中国の幼稚園は全クラスに昼寝の時間があるのに対し、日本の幼稚園は午後2時に終わるため、昼寝の時間はありません。日本の保育園でも4歳までは昼寝をし、5歳になると寝るか寝ないかを選択できるようになっています。夜に早めの就寝を確保する対策として、日中は昼寝をしないようにともよく言われます。では、幼稚園の年少や年中の子どもたちは、本当に昼寝をしなくても大丈夫なのでしょうか？

前橋明《ヒトの睡眠と活動のリズム、および、午睡の役割》の研究によると、脳が発達し体力がついてくると、寝なくてもよい時間が増えてきます。逆に、体力が未熟な子どもは、幼児期の後半〜児童期になっても、まだまだ昼寝が必要な子どももいます。

日本より、中国の子どもたちは昼間に寝ている時間は長いですが、夜型社会が進み夜遅く寝る子も多いです。子どもの睡眠問題は、国ごとに異なりますが、乳幼児期から睡眠を大事にすることを、学校（園）や家庭だけの問題ではなく、地域社会をあげて、もっと大切に考えていく必要があると思います。

日本に住む多くの中国人の親は、日本の幼稚園は毎日たくさん体を動かす一方で「知識」の教育活動が不足しているように感じています。小学校に進学し、本当に学校についていけるかどうかを心配しています。しかし、教育業界にいる私としては、中国や日本の基礎教育の広さと深さはさておき、幼稚園は子どもが社会に溶け込む最初の環境であり、健全な精神は強い身体と同じくらい重要で、生涯にわたる人間形成の土台を築くものだと考えており、勉強と体づくりは等しく重要で、どちらかが優先されるべきといったものではないと考えています。

中国の幼稚園で子どもが昼寝用のベット　　　写真/『和華』編集部

京都大井こども園

参考資料：
文部科学省「幼児教育の現状」
中央教育審議会審初等中等教育分科会「幼稚園教育の現状と課題、改善の方向性」
国家統計局《中国儿童発展綱要（2011—2020年）》終期統計監測報告

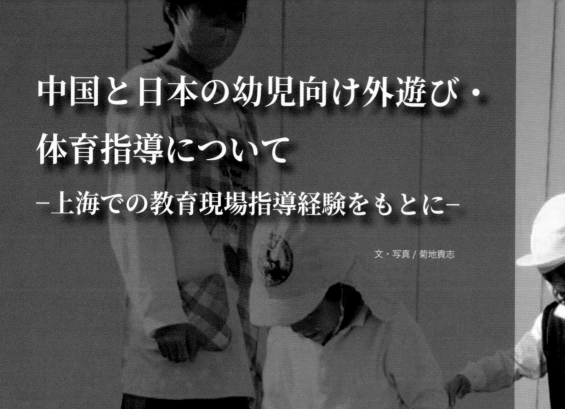

中国と日本の幼児向け外遊び・体育指導について
－上海での教育現場指導経験をもとに－

文・写真／菊地貴志

菊地　貴志
（きくち　たかし）

宮城県出身。仙台大学体育学部卒業。上海体育大学大学院人体科学学院修士課程修了、現在は博士課程に在籍。学生時代からスポーツ競技に取り組み、全日本ボート大学選手権付きフォアで優秀、スケルトンjr世界選手権男子23位、日本東北エアロビック選手権大会シニアA第3位などの実績を有する。上海市さくら幼稚園、白天鵝幼稚園、米尔邦保育園などで専任体育講師としての現場経験有り。現在は国際幼児健康デザイン研究所教育指導部主任指導員として学業と二足の草鞋を履きながら活動。

大阪府守口市 にしき認定こども園
朝活運動活動の様子①

日中両国の児童は共に外あそび機会が減少傾向

　日本と中国が面している共通の課題として、幼児の外遊び時間を確保することが真っ先に挙げられます。これは、日中どちらも科学技術の発達に伴った生活環境の変化に影響され、その中で特にゲームや動画が生活に身近になってきたことが大きな要因です。

　また降園（幼稚園や保育園が終わった後）以降の外遊びの環境も大きな原因。経済発展や生活環境の都市化に伴い、子どもたちが外遊びする場所の減少、縮小、もしくはボール遊び禁止などの遊び内容が制限されてしまうことが、結果として外遊びの減少に繋がり、また夜更かし等の生活リズムの悪化等数多くの部分に連鎖しているのです。

　その結果、中国幼児が抱える課題として「小胖墩 (肥満)」、「小眼鏡 (近視)」、「小豆芽 (体調不良)」が挙げられます。特に、心肺機能の低下、体力の低下（瞬発力、筋力など）、肥満児率の増加、視力低下、近視率の増加などが顕著です。

　『2020 年中国居民栄養与慢性病状況報告』によれば、中国の 6 歳児以下における超肥満率が 10.4% に達しているとの発表がありました。

　幼児期は身体を動かす楽しさと、基本的な運動能力を獲得する非常に重要な機会です。この時期に外遊びを習慣づけることにより、子どもたちの基本的な生活習慣（栄養、運動、休養）を身につけることができ、早寝早起や基礎体力の向上、果ては発育や学力向上等にも繋がっていきます。そのため園内で子どもたちに身体を動かす遊びの楽しさを知ってもらうことはもちろん、現場の保育士や指導員、保護者、近隣住民、そして自治体や行政の方にこの意識を強く持ってもらうことが大事になってきます。

上海楊浦区で開催した「親子ふれあい体操」の体験活動

上海の幼稚園での体育指導現場①

上海の幼稚園での体育指導現場②

大阪府守口市 にしき認定こども園
朝活運動活動の様子②

中国の幼稚園事情
—健康体育に対する積極的な取り組み

　日本では文部科学省が公布している『幼稚園教育要領』をもとに子どもたちへの指導に関する基本的な方針を公布しています。中国も同じように、中国政府教育局が『幼児園工作規程（幼稚園工作規程）』を定期的に公布しています。最新の公布は2016年3月に行われ、更なる就学前教育の発展を重視し、現段階の成果と未来の状況を見据えて作成されました。

　その中でも「幼児の正常な身体発育と機能の協調発展、体力向上、心身健康、良い生活習慣、積極的な運動活動への参加」を掲げており、就学前の幼児期における規則正しい生活習慣を身につけ、心身共に健康で体力向上を目指すものとなっています。

　また中国政府教育局が2012年に改正した『3-6 岁儿童学习与发展指南 (幼稚園指導要領)』については、≪国家中長期教育革命と発展計画要領 (2010-2020年)≫と《国務院就学前教育における意見について (2010年発効)》の内容を取り入れた形になっており、中国政府が本格的に就学前教育の改革に乗り出したことを意味しました。

　中国の幼稚園指導要領は、「健康」、「言語」「社会」「科学」「芸術」の5つの教育領域からなっています。健康領域では、各年齢に応じた身体、情緒、運動能力・体力、動作、生活習慣、生活での自立能力について、各年齢ごとにそれぞれ具体的な指標が記されています。たとえば、就学前（3～6歳）運動指針では身体を動かす時間は1日最低でも180分以上、身体にある程度負荷のかかる運動は60分未満。外遊びは120分以上、受動メディアなどを見る時間は60分未満、さらに、運動への興味関心や動作を覚えたり豊富な運動種目を体験することを目的とし、「他者よりも良い成績を取るために必要以上に、あるいは専門的に訓練をしない」など、スポーツ大国の中国としては意外な指導要領が存在しています。

　中国の幼稚園ではこのように、クラスごとに1週間のスケジュールと学習内容が公表されており、子どもたちも毎日どの運動や学習をするのか事前に把握できるのも親切なところだと感じます。

　このように、中国では国を挙げて幼児の肥満、体力低下問題を改善しようと具体的に施策を打っています。特に印象的なのは、中国の園では登園後に朝運動を行い身体のリズムを整えます。それ以外にも午前中と午後と、定期的に外遊びや身体を動かすレクリエーションを積極的に組み込んでおり、日本よりも健康体育に対する取り組みが積極的だと感じています。

上海市楊浦区区民センターで開催した
「親子ふれあい体操」の体験活動

河南省鄭州市の幼稚園で体育指導した様子

蘇州宋慶齢国際幼稚園での体育指導現場

—遊具やゲームなどを使った豊富な指導

　私は上海を中心に、日本人向けの幼稚園・保育園と中国人向けの幼稚園を中心に体育指導や視察を行ってきました。外遊びの環境は園の立地や希望によって大小異なりますが、私が見てきた園においては、園内の運動広場が土や芝生ではなく、陸上競技場に使用されているゴム状の素材を使っており、比較的運動がしやすい環境となっていました。

　遊具も充実しており、自由遊びの時は、子どもたちが好きな遊具で遊んでいる光景を目にすることも多かったです。

　教育内容は、主に言語、数字、手工、音楽、体育を中心に行っており、小学校に近い形で授業が展開されることが日本人向けの園と大きな違いだと思いました。TV、パソコンを使用することが多く、ビデオ映像を使用して、言語、音楽、ダンス指導を行なっています。運動する時間は時上述した通り、朝の運動以外に午前・午後1回ずつ行われます。

　日本の幼稚園、保育園の体育・運動遊びは外部から派遣される体育専門の指導員がマット運動、跳び箱、縄跳び、鉄棒などの器械体操を指導する傾向が強いですが、中国の幼稚園は、クラス担任が身体を動かすゲーム的な活動、ボール遊び（バスケ）、体操などを行っています。

　幼稚園によっては、日本人向けの園と同じように、外部の専門の体育指導者が来てサッカー、武術（太極拳）を指導しているケースもありました。

　固定用具の中にも木材や廃材を利用したものや、遊び道具にワラや竹を利用したものなど、子どもたちの外遊びに自然と触れ合う要素を組み込んでいます。また机や椅子を使った遊びや、室内の限られたスペースを上手に活用した環境設定遊びなど、施設の大小に限らず、子どもの身体を使った遊びに数多く取り入れています。

河南省鄭州市の幼稚園で子どもたちが遊具を使って屋外運動をしている

上海市の幼稚園での室内運動

屋外活動で太極拳を習う様子

最新の幼児健康運動
「親子ふれあい体操」の必要性

　日本と中国では、子どもたちの学力低下や体力低下、心の問題など、からだと心の両面における問題が顕在化しており、それらの問題の背景には、幼少児期からの生活リズムの乱れや親子のきずなの乏しさが見受けられています。こうした問題に加えて、子どもの生活の中で、運動エネルギーの発散や情緒の解放を図るために必要な「からだを思い切り動かして遊ぶ機会」が極端に減ってきているといった問題があります。

　また、今日、便利さや時間の効率性を重視するあまり、徒歩通園よりも車通園をし、歩くという運動量の確保も難しく、親子のふれあいやコミュニケーションの機会が減り、体力低下や外界環境に対する適応力も低下している様子がみられています。

　加えて、テレビやビデオ、スマホの使いすぎも、対人関係能力や言葉の発達を遅らせ、コミュニケーションが難しい子どもにしてしまう危険性もあります。よって、乳幼児期から、親子のふれあいがしっかりもて、かつ、からだを動かす実践をあえて行っていかねばならないと考えます。

　そこで、「親子ふれあい体操」の実践がキーポイントになっていきます。親子でいっしょに体操をして汗をかいたり、子どもにお父さんやお母さんを独り占めにできる時間をもたせたりすることは、体力づくりだけでなく、子ども

京都千代川こども園で開催した「親子ふれあい体操」の体験活動①

京都千代川こども園で開催した「親子ふれあい体操」の体験活動②

の心の居場所づくりにもつながっていきます。親も、子どもの動きを見て、わが子の成長を感じ、喜びを感じてくれることもできます。そして、子どもががんばっていることをしっかりほめて、自信をもたせるかかわりも芽生えだします。

　小さい頃から、親子体操や親子のふれあいあそびの体験をしっかりもたせることで、「人とふれあうこと」がテレビやビデオより「楽しい、おもしろい」という、心が動く体験をしっかりもたせてもらいたいのです。

　日本では、幼稚園や保育園からの降園時に、迎えに来た保護者に親子ふれあい体操の動きを紹介したり、迎えに来た親と幼児が少しでも実践をして帰宅したりする機会を設ける園があります。

　「親子ふれあい体操」は、様々なところで行事の中で取り組まれてきた内容ですが、それらを親子が日常的に実践できるように、園だけでなく、地域や社会、町や県や国が動いて、心とからだの健康づくりの大きなムーブメントを作る必要があると考えます。

　中国も同様に、園の行事だけではなく、地域社会でも、親子ふれあい体操ができる機会を作る必要があるでしょう。特に、中国は、日本より共働きの家庭が多いこともあり、より一層中国での「親子ふれあい体操」の普及を目指していきたいと思います。

上海の幼稚園での体育指導現場

上海楊浦区で開催した「親子ふれあい体操」の体験活動

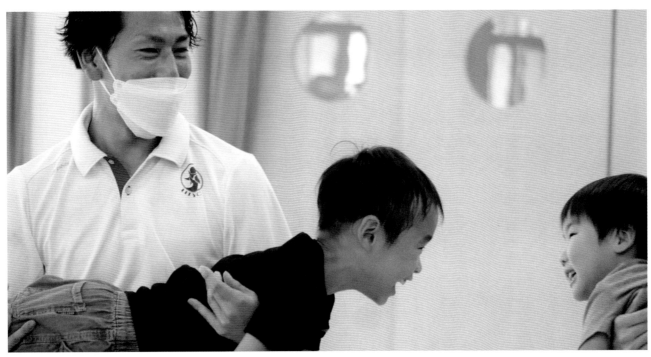

京都千代川こども園で開催した「親子ふれあい体操」の体験活動を指導する筆者

非認知教育
子どもの「人間力」をはぐくむ

文・構成/ 高谷治美

「非認知教育」はかつてあった情操教育

50年以上前には確かにあった情操教育。「感情や情緒をはぐくみ、創造的で、個性的な心の働きを豊かにする」とあり、道徳的な意識や価値観を養うことを目的としていた。これらは、どのような時代であっても重要だからこそ、今は「非認知教育」という教育用語に進化して存在する。文部科学省が2018年度に施行した幼稚園教育要領においても「非認知教育」の重要性について触れられている。

知育は頭の発達、体育は体の発達、心の発達は「非認知能力」。我慢できる子、思いやりのある子、やる気のある子、好奇心旺盛な子など、心の状態を表す教育という位置づけだ。

「学ぶ力」と「社会を生き抜く力」こそ人間力を育てる重要な要素

子どもにとって大切なのは「学ぶ力」と「社会を生き抜く力」。学ぶ力は、勉強するなどの力で、自分で生きていくために本を読んだり様々な方法で情報を得、要求にこたえる仕事をするといった土台になる力だ。

一方、「社会を生き抜く力」は、対人関係や交渉などいわゆる学校では学ばない、実社会で生き抜くための力だ。

特に、「学ぶ力」は0〜2歳に発揮する。ある程度安心した環境におかれるとさまざまな事に興味を持ち始め「好奇心」を抱き、それが何なのか確かめるために物を口にしたり叩い

今、時代の変化にともない強い心をもって生きていく人間力をはぐくむ「非認知教育」が注目されている。それは、読み・書き・計算などの「認知的能力」とは違う「非認知能力」のこと。乳幼児期にこの能力を育てることが、成長後の心の健全さや幸福感を高めると考えられている。幼児教育者で人気の竹内エリカ先生にその概念と0歳から6歳までの発達段階における育児のポイントをお聞きした。

「学ぶ力」・「社会を生き抜く力」

成長のサイクル

0〜2歳

集中力 ← 好奇心 Start!
「学ぶ力」
やる気

3〜6歳

自信 ← 自立心 Start!
「社会を生き抜く力」
思いやり ガマン

竹内 エリカ 先生
Erika Takeuchi

一般財団法人日本キッズコーチング協会理事長幼児教育者、育児書作家、2児の母

たりすることで「やる気」が出てくる。そして、それが何のためにあるのかを理解する過程で「集中力」を養う。

さらに、3〜6歳になると、学んだことを試そうとし、自分の力で生きていこうと目標を定め進もうとする。それが「社会を生き抜く力」だ。特に3〜6歳のうちにこの力が育つので、自分でやってみようとする「自立心」や、できない体験や失敗をしても「ガマンする心」が出てくる。時には一人で乗り越えられない体験をしたり、痛みを知ることによって他人への気遣いである「思いやり」も学ぶ。そしてすべての経験が「自信」となって蓄積されていく。

この成長のサイクルを経て、両方を身につけた子どもは大人になってから貢献の力を発揮する。人のために役立つことに歓びを感じ、自ら学び、挑戦していく人になるのだ。

お茶の水女子大学大学院人文科学研究科修士課程修了。20年にわたって子どもの心理、教育、育成について研究し、これまで約2万人、子どもから大学生を指導してきた。発達支援では多動症・不登校の克服、運動指導では全国規模の大会で第1位他、14賞のコーチ実績がある。「あそび学」を専門にし、あそびによる発達診断、プレイセラピー、運動支援プログラムの研究開発・執筆に携わり、海外での教育国際会議の研究発表などにも参加する。保育・幼児教育関係者への講演活動なども精力的に行う。結婚・出産をきっかけに子どもの育成と母親への支援を目的として一般財団法人日本キッズコーチング協会を設立。コンピテンス心理学・気質心理学・行動科学をベースに、0歳から6歳までの子どもの認知特性を活かした指導法キッズコーチング法を考案、実践する。

子育ての⑦ステップを
1段ずつ上がっていこう

前 ページのように、子どもは「学びの力」と「社会を生き抜く力」を段階的に7つのステップで1歳ずつ、1つずつ身につけていくのが望ましい。それぞれの年齢であせらず、子どもに身につくように対応していくと、のびのびと成長していく。ただし、子どもの成長は1年前後の誤差があるので「うちの子は成長が遅い」などと心配はしないように。

ステップ⓪ 0歳 「たのしい」という体験をする
⇒「好奇心」が育つ

ステップ① 1歳 「できた」という体験をする
⇒「やる気」が育つ

ステップ② 2歳 「わかった」という体験をする
⇒「集中力」が育つ

ステップ③ 3歳 「やってみたい」という体験をする
⇒「自立心」が育つ

ステップ④ 4歳 「がんばる」体験をする
⇒「ガマンする心」が育つ

ステップ⑤ 5歳 「ありがとう」と言いあえる体験をする
⇒「思いやりの心」が育つ

ステップ⑥ 6歳 「やり抜いた」と思える体験をする
⇒「自信」が育つ

6才 「自信」が育つ

5才 「思いやりの心」が育つ

4才 「ガマンする心」が育つ

3才 「自立心」が育つ

2才 「集中力」が育つ

1才 「やる気」が育つ

0才 「好奇心」が育つ

味覚・聴覚触覚・視覚臭覚をいかに刺激するか

0歳は好奇心を育てる段階。世の中に出たときに、やる気をもって行動できるか否かは0歳のときの感性がどれだけ研ぎ澄まされていたかが影響してくる。0歳は自分で食べられないし、おしっこもできない。でも、そんなときこそ、心を育てる重要なとき。たとえば、赤ちゃんはおなかが空いていても、おしっこでお尻が冷たくても泣く。その感覚を教えてあげるために、「おなかが空いたのね」と言って、軽くおなかをポンポンとしてあげれば、「自分はおなかが空いている」「食べたい」ということを覚えていく。おしっこでお尻が冷たくてもそうだ。お尻をポンポンとして「おしっこしたのね、気持ち悪いのね」とパパやママが言えば、その言葉かけによって身体感覚を覚えていく。

外に散歩に連れて行っても、「小鳥さんがチュンチュン鳴いているね」「お友達と話しているのかな？」と言えば聴覚が発達する。「お日様が出ていてあたたかいね」「風が吹いて冷たいね」と話せば皮膚感覚も発達する。

0歳児はしゃべれないから……と思ったら大間違い。0歳児はインプットの時期で、アウトプットは1-2歳以降。言葉はしっかり理解している。味覚・聴覚・触覚・視覚・臭覚などをいかに刺激するかが0歳のときに重要なことだ。

☑ 抱っこしたり体をなでる

☑ 「おなかが空いたのね」など出来事をたくさん話しかける

☑ 鳥の鳴き声や音楽など心地よい音を聞かせる

☑ 表情豊かに身振りをおおげさに接する

☑ はっきりした色のおもちゃを与える

☑ 心地よい自然の匂いをかがせる

歩き出し、心の成長から体の成長に変わる

1歳は基本的に体の基礎ができて、やる気が育つ時期。体を使って「できた！」という体験をたくさんさせてあげたい。1歳を過ぎると立ち上がったりハイハイしたりと腕や足を動かすようになる。テーブルの上に乗ったり、ティッシュを限りなく取り出そうとしたり、物を投げて笑ったり……親にとってはいたずらのように見えても怒らないように。興味をもったことにトライさせて、うまくいったり失敗したりを繰り返すことでチャレンジ精神の強い子に。

- ☑ ちょっとした成功を「できたね！」と認める
- ☑ 「ダメ」と言い過ぎない
- ☑ 「危ないよ」「痛いよ」と伝える
- ☑ 夢中になっているときはそっと見守る
- ☑ しっかりとハイハイをさせる
- ☑ 「いないないばぁ」などで刺激を与えて

知能もグングン発達！一緒に遊びながら言葉も教える

子どもが静かだなぁと思っていると背中を丸めて何かをやっている。そういうときは、本人が楽しいことを好きなようにやらせて集中する環境を作るといい。また、知能が発達してくるので、この時期からいろいろ知育をさせてもOK。数字や「大きい・小さい」「赤い・青い」「丸い・四角い」などを一緒に遊びながら言葉を教えていくといい。脳の構造に、2歳児は「写真記憶」といってイメージで記憶する記憶方法を使うので英語や国旗なども覚えてしまうとき。だからといって教え込んではダメ。

- ☑ 自然の中で自由に遊ばせる
- ☑ 興味があることをやらせる
- ☑ 一人遊びをしているときはそっとしてあげる
- ☑ 「さみしい」「くやしい」という言葉を教える
- ☑ 「手伝って」「助けて」という言葉を教える
- ☑ 指を使ったりパズルをさせて

挑戦と自立の第一歩は失敗しても責任をとらせる

0歳で心を育て、1歳で体を育て、2歳で知育が発達したから、今度はこれを生活の中で活かしてみたいと思うのが3歳。とにかく自分で「やってみたい」と言ってお手伝いなどもしたがる。ただ、まだまだ未熟なので、台所を水浸しにするなど失敗だらけ。そのときに、やめてほしいと思わずに、やらせて失敗の責任をとらせるのが大切。「水が散っちゃったね。どうしたらいいの？ 拭かなきゃね」と、一緒に拭くことで、挑戦できる子になる。

- ☑ 自分で「やる！」と言ったらやらせてみる
- ☑ けんかの解決で交渉力を学ばせる
- ☑ 失敗したら、後始末の仕方を教える
- ☑ 自分で処理させて責任感を育てる
- ☑ 子どもの言葉を繰り返してあげる
- ☑ 「なりきりごっこ」や絵本で創造力を育てて

わがままには条件をつけてガマンを覚えさせる

こだわりが出てわがままを言い出す頃。買い物に行くと「お菓子買ってー」と自分の我を通してどこまでできるのか試している。ここで、その欲求にはゴールがあることを教えてあげるのがポイント。「これが欲しいんだね、でもママの買い物が終わってからね」と言いゴールを見せてあげ、そのために努力できるように先延ばししてあげるのがガマンを覚える方法だ。「買わないわよ」と言い捨ててしまうと、あきらめる子になってしまうので注意。

- ☑ 子どもと遊ぶときも話し合ってルールをつくる
- ☑ ルールを作ったら守らせる
- ☑ 約束を破ったら静かにさとす
- ☑ 冷静に「やれるまでずっと見てるね」と言う
- ☑ 要求にはまず「いいよ」と言う
- ☑ 因果関係を会話の中で教える

植物・動物を慈しみ、思いやりの心を育てる

できないこと、悔しい体験から人の痛みを分かるようになってくる頃。そして優しさが育つとき。親は優しい子どもになって欲しいと願うけれど、自然に思いやりが育ってくる。なぜかといったら、想像力の一種で「共感脳」という相手の気持ちを想像する脳が育つから。そして本物の思いやりを育てるには友だちに負けた悔しい思いや習い事でできなくて辛い思いをすることで、人の痛みもわかるようになってくる。そのときに、「友達の気持ちをわかってくれてママ嬉しいわ」などと親の気持ちを言葉にしてあげると子どもに伝わる。

- ☑ 苦労した経験により他者へのいたわりが生まれる
- ☑ 挑戦をうながし悔しい体験をさせる
- ☑ 植物・動物と慈しみ、美的なものを見せる
- ☑ 子どもに心をこめて「ありがとう」「ごめんなさい」を言う
- ☑ 大人が自分の間違いを認める

ありのままの姿を認め、自己肯定感を上げていく

この頃は「やり抜く力」と「自分が認められる自己肯定感」を育てたい。すると、「失敗しても責任とればいいんだ、できないときは努力すればできるようになるんだ、本当にできないときは人が助けてくれるんだ」というように人間関係によって、自分以上の力を出したり自分らしさを出していける子になる。その気付きがあった子は、何かをやり抜いたという自信につながっていく。そのときも、親の言葉掛けが重要。「挨拶ができて気持ちいいわ」など、子どものありのままの姿を言葉にする習慣を。

- ☑ 「あなたは誰かに愛されている?」と聞いてみる
- ☑ ジグゾーパズルなど目標達成感あるもので遊ぶ
- ☑ 「あなたはダメね」と決して言わない
- ☑ 親が子どもの関心を示す言葉をかける
- ☑ 子育てに迷ったらとにかく抱きしめる

子どもは誰もが素晴しい才能を持っている！
多くの子どもと接してきたからこそ言えるのです

　子どもは、6歳までに自分で自分の道を切り開く能力さえ身につけておけば、もともと持っている素晴らしい才能を生かして必ず自分の道を探し出していけます。これまで、約2万人を指導してきた経験からそう思うのです。

　ただ、ひとつだけ覚悟して欲しいことがあります。それは残念ながらどんな子も一生「いい子」でいることはない、ということです。途中で必ず親を困らせたり、悩ませたりするものです。お友達をいじめたり、忘れ物ばかりして先生に注意されたり、学校に行かなくなったり……。

　私自身、二人の子育てが大変だったのです。幼児教育の専門家として大学の講師をして伝える立場だったけれど、自分の子どもが生まれたとき、もっと単純なことで悩んだのです。「おっぱいを飲んでくれない」「どうして泣きやんでくれないの」って、日々の小さなことは教えてくれる人がいなかったのです。そこで、実際にお母さん方と携わりながら解決していこうと思い、（一財）日本キッズコーチング協会を立ち上げました。

　それでいろいろな事がわかってきたのです。子どもが問題を起こすときは、子どもが成長しようとしているとき。親はそれを信じて子どもを愛していくことです。今回お伝えしたように、0〜6歳の子どもの「学ぶ力」と「社会を生き抜く力」さえしっかりと身につければ、必ずたくましく幸せな人生を送ります。

　幼児の7ステップを身につけることで、子どもと親がともに学び成長し続け、豊かな人生を歩むきっかけになれば嬉しいです。

竹内先生の著書は
7ヵ国65冊累計60
万部。中国、韓国な
どの訳本も人気！

竹内 エリカ 先生

6歳以降の子育てにインディアンの子育て四訓を……

「アメリカインディアンの子育て四訓」
由来は諸説あるけど私の好きな名言。

少年は
手を離せ
目を離すな

乳児は
しっかり
肌を離すな

青年は
目を離せ
心を離すな

幼児は
肌を離せ
手を離すな

簡単に言うと…
手をかけず
心をかける

心を育てること
それが子育てかな。

Kao すまいる登園 で子育てサポート

紙おむつサブスクなどの新サービスを保育施設へ提供

写真・資料提供 / 花王株式会社

花王株式会社では、赤ちゃんや子どもたちの健やかな成長を願い、乳幼児用の紙おむつ「メリーズ」事業を通じてさまざまな取り組みを進めている。2022 年 4 月より、BABY JOB 株式会社と協働で、紙おむつサブスクリプションを中心とした子育てサポートサービス『Kao すまいる登園』を提案した。

『Kao すまいる登園』とは

『Kao すまいる登園』とは花王が保育園に向けて、
1.「紙おむつ『メリーズ』のサブスクリプション」ほか、
2.「教育コンテンツ提供」3.「保育園内衛生環境づくり」
を行う 3 つの新サービス。

具体的には、乳幼児用の紙おむつ「メリーズ」を保育施設に定額で届ける「サブスクリプション」、また、花王の手指衛生の知見を活かした正しい手洗いや手指消毒液の使い方などが学べる「教育コンテンツの提供」、保育施設内を衛生的に清掃するための商品販売やノウハウ提供を行う「保育園内衛生環境づくり」など、快適な保育園生活を総合的にサポートする。

1.「メリーズ」おむつサブスクリプション

これまで、保護者は子どもが毎日保育園で使用する紙おむつの 1 枚 1 枚に名前を書いて用意する必要があった。これには時間がかかるばかりでなく、登園時の荷物が増えるなど大きな負担になっていた。また、保育士にとっても、それぞれの子どもの名前が書かれた紙おむつを間違えることなく管理、使用することは手間であった。しかし、「メリーズ」のサブスクリプションによって、これらの負担が大いに軽減される。

保育園に届くおむつは、"赤ちゃんの肌にやさしいおむつ"として人気の「メリーズ」(「メリーズおしりふき」も商品に含まれる)。

通気性の高さはもちろん、花王独自の「ふんわりエア in クッション」搭載でおしっこ吸収後も素肌のさらさら感がつづく。やさしくフィットし、横漏れを防いで跡がつきにくいのも特徴である。　また、おむつ・おしりふきの発注は 1 箱から可能なため、おむつの在庫置き場スペースに困る保育園でも利用しやすい。利用料金はサイズ・使用枚数に関わらず、毎月定額で 2,980(税込:3,278 円)、保護者から「Kao すまいる登園」に直接支払うシステムだ。

サブスクリプションサービスの開始により、保護者と保育園の手間や負担が軽減され、子どもたちと過ごす時間の更なる充実につながると考えられる。

2．教育コンテンツの提供

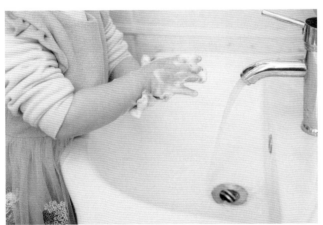

　花王で構築した教育コンテンツの提供により、子どもたちの生活に役立つ正しい知識を身につけることができるよう支援する。（手洗い教室／手指の消毒液使い方講座／シャンプーひとり髪洗い教室／みのまわりをきれいに教室など）

3．保育園内衛生環境づくり

　保育園内施設を衛生的に保つため、花王の商品の販売やノウハウ提供を行う。子どもたちとその家族、そして保育園職員が共に安心できる保育園内の衛生環境づくりに貢献する。

発達段階に合わせた知育玩具を

株式会社トラーナの「トイサブ！」は、子どもの成長に合わせた知育玩具を定期的にお届け・交換する「サブスク」をおこなっている。おもちゃプランナーが一人ひとりの好みや発育状況に合わせて完全個別プランするサービスだ。2022年、日本サブスクリプションビジネス大賞で初代グランプリを受賞し、会員数1万5000人突破の成長企業でもある。その仕組みと背景をまとめた。

パーソナルプランを作成 → **おもちゃプランナーが5〜6コ選定** →

6ヵ月

寝返りをしたり自発的に手を伸ばしてつかむ

身体的発達の大きな節目「首がすわる」ことで、首を動かして見たいものを見、手足にも意思が反映される。寝ながらも手を伸ばし動かせるジムや触感の良いものを与え、親も声をかけ知能の発達を促す。

1歳前後

歩行が始まり好みも出てきてものを指さしするようになる

握る・叩く・倒す・押す・追いかける、など単一行動による相応反応の学習及び体の動かし方を学習出来るものを促し、親も一緒になって遊ぶ。

1歳半

スプーンやコップを使ったりコミュニケーションも

1歳前後

積む、挿す、開ける、投げる、振り下ろすなど行動に伴う因果がわかりやすいもの、指先・手足の動かし方を学習出来るものを促し、親も子どもに介入していく。

「トイサブ！」なら適切なタイミングで必要なおもちゃだけゲットできる

6ヵ月〜1歳児対象

レンタルする サブスク に注目!

日本サブスクリプション
ビジネス大賞で
初代グランプリ受賞

文 構成/ 高谷治美
写真提供/ 株式会社トラーナ

➡️ 約2カ月レンタル ➡️ 次の発達段階へ

2歳すぎ

**積み木を並べたり
二次元を理解するようになる**

大 -小、長-短、多-少など二次元的な認識を獲得するころ。集中力と空間把握、指先の器用さを発達させるものを選び、親も一緒になって遊ぶ。

3歳

**ワタシ、ボクを認識し他
者受容や共存も**

組 む、記憶する、展開を考える、規則性を見出すなど思考の結果による行動を促し、反復及び記憶学習の基礎理論を作り上げるものや幼稚園の入試対策としても役立つものも選ぶ。親や祖父母も相手をしてコミュニケーション能力を促す。

4歳

**手の機能分化が進み
自己主張もするように**

ゴ ールを考えてそこに進む、組み立てる、相手がある状態でルールを楽しむようなおもちゃで、思考力を刺激するものを促す。ときどき親もおもちゃの一部となって楽しんでみる。

2歳児前後対象

3歳児前後対象

4歳児前後対象

4人の子育てパパだからわかる
「親子の時間」と「おもちゃの大切さ」

既存のおもちゃに違和感を持っていた志田典道社長は4人のパパでもある。おもちゃの
サブスクに確信を得たのは2人目の女児の子育て中だった。志田パパの家族のあり方と
ユニークな起業ストーリーをお聞きした。

INTERVIEW

世のキャラクターへの疑問が「トイサブ！」の始まり

Q. 今の会社を設立するきっかけはなんでしたか？

A. 起業する前は、外資系大手セキュリティソフトウエア
の会社で働いていました。そこで7年間、エンジニアやプ
ロダクトマネージャーとして経験を積み、起業に必要なス
キルを磨きました。大学時代に一度友人と起業をしました
が譲渡してしまったので、35歳までにはもう一度起業し
ようと決めていたところで、きっかけが訪れました。

　2人目の女児が生まれた頃、家電量販店におもちゃを買
いに行ったんです。そうしたら店頭にあるものが30年以
上変わらないキャラクターものばかりだったんですね。

　そういったものをおじいちゃんおばあちゃんも選ぶしか
ない。買ってくれるのは嬉しいのですが違和感がありまし
た。後から知ったことに、日本にある既存のキャラクター
は金型によって再生産しているだけだと。

　本当は知育や機能にフォーカスしたものもたくさんある
はずなのになかなか見つからないし、見つかってもどれを
選べばいいのかわからなくて。そのあたりから、海外の物
はどうなんだと研究するようになり、この疑問が「トイサ
ブ！」の始まりになりました。

Q. 海外のおもちゃはどうでしたか？

A. 海外では子どもが多いので常に新しいおもちゃがアッ
プデートされて作られており、子どもにも新しい刺激が与
えらるように工夫がされていました。今は新しい時代を生
きているのだから、子どもにもこういった新しい物を見せ
たいと感じましたね。

Q. そこでいよいよ起業したのですね。

A. 当時、長男の使わなくなったおもちゃの不良資産が山
積みになっているのが気になりはじめていました。これは
おもちゃメーカーのマーケットリサーチに貢献しているだ
けではないか……と。

　子どもの成長に合わせておもちゃが定期交換できる音楽
プレイリストみたいなのもがあってもいいのではないか、
と気付きました。既にアメリカではサブスクがありました
が、まだ日本には浸透していなかったので2015年に起業
したんです。

親がおもちゃの一部になって
一緒に遊んでみるとわかる

志田 典道　｜　**株式会社トラーナ**
Norimitsu Shida　｜　**代表取締役**

東京都出身、1983 年生まれ。明治大学法学部卒。大学在学中に友人と WEB 及び紙媒体のディレクション・開発制作の会社を起業。その後、事業を譲渡し外資系企業でエンジニア、プロダクトマネージャーなどの経験を経て 2015 年に株式会社トラーナを創業。玩具を通して親子時間をもっと豊かにというコンセプトで知育玩具サブスクリプションのサービス「トイサブ！」をおこなう。四児の父親でもある。

A. あるとき、目新しい人形で子どもと遊んでいるとき、私が人形の一部に同化したように振る舞うと、子どもがとても喜ぶし、自分も一緒に楽しめることに気がついたんです。

Q. それはちょっとした発見ですね。子どもとの遊び体験から得た感覚は重要です。
　ところで、志田パパはイクメンだと思いますが、志田家の普段の生活を教えてください。

A. うちは 11 歳の長男を筆頭に 8 歳長女、7 歳次男、5 歳次女と妻と私が構成メンバーで、夫婦共に会社に出社しています。最近は、朝ご飯は私が作り、保育園の送り迎えや夕飯は妻、帰宅後に私が子どもたちの宿題を見て風呂に入れるのがルーティーンです。大ファミリーにあこがれていましたので大変だと思ったことはないですね。

Q. 家族で大切にしていることはありますか？

A. ちょっとカタイかも知れませんが「自立と協調」をモットーにしています。たとえば「このおもちゃがほしい」となったら、「今、なぜ必要なのか」を言葉にできるまで徹底して待ちます。自分で考え、言語化できるようにするためです。そうしないと、受動メディアに囲まれた子どもはそれに打ち勝つことは難しくなってくるのです。
　そして、できることはなんでも自分でする。また、食事の時間、宿題の時間、風呂の時間は全員が同じ事をする。休日は全員で動物園や水族館、美術館など外で遊ぶようにしています。
　共働きで、子どものために稼いでいるうちのような夫婦は多い。平日は仕事で頭をとられているので、「子どもにやってあげたいけどどうしたらいいんだろう。機会損失をしたくない」と。そこのギャップを埋めているサービスが「トイサブ！」でもあるのです。自宅にいながら子どもとの時間を豊かにできる。そんな毎日が、「トイサブ！」ビジネスににつながっているのではないでしょうか。

Q. 志田パパは遊びを通して様々なことを学び、成長していく子どもたちと、日々新たな発見に出会っていますね。おもちゃを通じ、子どもは、心をときめかせる好奇心を育んでいるのですね。本日はありがとうございました。

志田家 3 つのお約束
1. 自立と自律で自分で考え行動する
2. 食事、風呂、宿題の時間は全員が取り組む
3. 休日は家族で外に出かける

「トイサブ！」のビジネスモデルは「幸せな親子時間を増やそうぜ」がはじまり

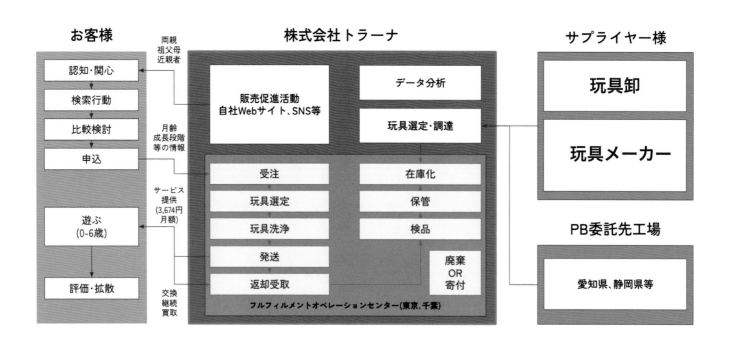

おもちゃを「サービス」として提供していくビジネスモデル

株式会社トラーナの「トイサブ！」は知育玩具のレンタル事業であるサブスクリプションサービスを通じて、多くの親子に自由な発想や成長を促すおもちゃと、幸せな時間を届けたいというミッションを掲げている。

子どもの成長に合った玩具を6点（4歳0か月以上は5点）選定し、月額3,674円(税込)でユーザーの元へ届ける。低年齢の0・1・2歳が6割でボリュームゾーン。直近ではコロナ禍以降、家で過ごすことが多くなりお客さまが増えている。

お客さまは「トイサブ！」に申し込み後、プランニングに必要な「子どもは何歳何ヵ月で、持っているおもちゃはこういうものがある、こういうおもちゃが欲しい」という要望を記入するのだ。

同社にはおもちゃプランナーがおり、各種学術調査やプランシートの情報などをもとに、彼らが各子どもにパーソナライズされたおもちゃを選ぶのだ。現在は、世界中から1800種類、8万点以上の知育玩具があり、その中から月齢に合わせたものを子どもごとに選択しているという。

専任のおもちゃプランナーがお客様の玩具を選定する

1万5000名を超えるユーザー数、35万件を超えるおもちゃの評価データを保有する

データに基づく個別プランニング
と充実したフォローアップ体制

　知育玩具とは、子どもの能力や、成長と発育に関連する機能がきちんと考えられているおもちゃのこと。重視しているのはお客さまからのフィードバックだ。お客さまは交換のタイミングで、玩具毎に5段階評価をして、定性的なコメントも入力する。

　その情報を見ながら「これがお気に入りだったようなので、次はこれも気にいると思います」、「こういうことができるようになる年齢なので、これを送っておきます」といったように、丁寧なコミュニケーションをとり、既に家庭にある玩具と重複しない気配りなども「トイサブ！」ならではのぬかりないサービスだ。

　いつおもちゃが返却されてくるかはわかっているので、「お子さまの月齢はこうだから次はこのおもちゃを送ろう」、というプランニングも難しくなく、在庫の回転もスムーズだ。

お客さまから返却があった物を念入りに消毒し、商品チェックをする

「選ぶ⇒買う⇒楽しむ⇒飽きる⇒捨てる」から、
「届く⇒楽しむ⇒評価する⇒交換する」へ

　おもちゃのサブスクをする企業は増えつつあるが、主力事業としているところはトラーナが先を走っている。また、同社はこれまで、お客さまに深く向き合い、サプライヤー（製品の部品などを製造して供給・納入する業者）との信頼関係を結び、システムやオペレーションのノウハウや顧客データを地道に溜めてきた。内製化するシステムの投資を続け、さらなる事業拡大を目指している。

プライベートブランドの木琴は、音に変化はないかを確認してから発送

トラーナで働くスタッフはサービス業や子どもとおもちゃが好きという人ばかり

プライベートブランド展開と
海外進出で次なるフェーズへ

　おもちゃに対するデータが蓄積してきたタイミングで、「トイサブ！」のプライベートブランドも発表され、現時点ではラトル、木琴、積み木の3つの玩具が展開されている。お客さまには市販の玩具とプライベートブランドの玩具とを組み合わせて提供している。

　また、海外進出では台湾でのフランチャイズ展開が順調に会員を伸ばしている。なぜならば、台湾では乳幼児向け玩具が日本より2割程度割高で販売されている状況だから。玩具の流通網が中国大陸とも日本とも異なり、地理的、地域人口の観点から割高で購入せざるを得ない状況なのだ。消費者の教育投資が盛んなのに、流通網が整備されていない地域での事業は可能性がある。

　今後は、台湾での経験を元に中国大陸への事業拡大も視野に入れて、鋭意運営中のトラーナ「トイサブ！」だ。

◆Company info◆
株式会社トラーナ
中野丸山第一センター
〒165-0021 東京都中野区丸山
1-12-8 EFGビル7階
03-6882-1954(代表窓口/平日10時-16時)
https://torana.co.jp

羽^は根^ね蹴^けり

羽根蹴りは中国でジェンズ（毽子）と呼ばれ、漢の時代に生まれて唐・宋の時代に流行し、ほとんどの子供が羽根蹴りを楽しんでいた。市場には羽根蹴り専門の店も現れ、羽根蹴りの試合も行われていた。この手軽にできる運動は、現在でも中国の子どもたちの間で人気がある。

現代に受け継がれる
中国の伝統的な玩具

中国5千年の歴史は輝かしい文明を生み、古代の玩具に関しても多様で知育的であったと言われている。このような伝統的なおもちゃの中には、現在でも子どもたちに人気のあるものがたくさんある。中国で古くから子どもたちに受け継がれてきた玩具を紹介する。

文・写真/『和華』編集部

蹴^け鞠^{まり}

蹴鞠は、古代中国で非常に流行した娯楽であり、戦国時代には庶民の間でも親しまれていた。蹴鞠の形や遊び方は現代のサッカーと似ており、最初の頃の鞠は外側が皮でくるまれ、中には米糠^{こめぬか}が詰められていた。唐・宋の時代には空気を入れる鞠が登場した。古代の人々は氷の上で蹴鞠の大会を開催するなど、盛り上がりを見せていた。

独楽（こま）

独楽は少なくとも4000年以上の歴史を有する中国最古の民俗芸能玩具の一つである。古代の独楽は、陶器、石、木、プラスチック、金属などで作られ、遊び方やルールに合わせて円筒形や斧の形などの形状が作られた。

空中独楽（くうちゅうどくらく）

初期の空中独楽（ディアボロ）は、独楽から発展した子どもの玩具であった。早くも三国時代には人々の人気を集め、同時代の詩人・曹植が記した「空竹賦」が最古の記録とされている。現在では世界無形文化遺産に登録され、中国文化の宝となっている。

タングラム

タングラムは少なくとも紀元前1世紀頃まで遡れる、広く知られていた中国の伝統的な知育玩具であり、明朝や清朝時代に広く民衆の間で流行していた。7枚の板を組み合わせて多くの形を作ることができ、その種類は1600以上にも及び、知性や持久力を養う教育的な機能も備えている。18世紀に入るとタングラムは海外にも広まっていった。

凧揚げ（たこあげ）

凧揚げは中国発祥で、2300年余りの歴史を有する。初期の凧は玩具ではなく、軍事用や通信用として使われていた。唐代以降、凧は娯楽の道具となり、宋代には清明節で凧揚げが盛んに行われるようになった。

竹とんぼ（たけとんぼ）

竹とんぼの起源は500年前、古代の中国人が自然界を飛び回るトンボを観察して啓発され作られた。1930年代、ドイツ人は竹とんぼの形と原理を応用して、ヘリコプター用のプロペラを発明した。

走馬灯（そうまとう）

ランタンの一種で、元宵節や中秋節などのお祭りでよく使われる。ランプの軸に切り紙を飾り、キャンドルを灯すと、キャンドルの熱で気流が発生し、軸が回る仕組みになっている。提灯の各面には馬に乗った古代の武将が描かれていることが多く、提灯を回すと数人が追いかけているように見えることから「走馬灯」と呼ばれるようになった。走馬灯は古来より中国の子供たちに愛されてきた。

幼児健康で最も権威のあるスペシャリスト
前橋明教授 が指南する幼児健康デザインとは

まえはし　あきら
前橋　明

早稲田大学人間科学学術院教授／医学博士。岡山県出身。米国ミズーリ大学で修士（教育学）を、岡山大学で博士（医学）を取得。倉敷市短期大学教授、米国バーモント大学客員教授等を経て、2003年4月より現職。乳幼児期からの体温、睡眠、食事、運動量などを体系的に調査、分析、研究。国際幼児体育学会会長、日本レジャー・レクリエーション学会会長、日本食育学術会議会頭、外あそびを推進する会代表発起人など、数多くの組織で要職を務める。主な著書として『健康福祉科学からの児童福祉論』（チャイルド本社）、『運動あそび指導百科』（ひかりのくに）等がある。

INTERVIEW

Q. 前橋先生が幼児教育に携わるようになったきっかけを教えてください。

　元々、教育や医学の分野に興味をもっていましたが、人生の中で教育の道を進む上で大きなきっかけになった出来事がありました。それは、私が高校生の頃に遡ります。地元岡山に小学生のソフトボールチームがありました。そこの監督が突然辞めることになり、夏休み期間中に手伝いに行くことになりました。この時の子どもたちとの関わりや成長していく過程を身近で見られたことは、非常に勉強になったと感じています。特に印象的だったことは、岡山市の小学生ソフトボール大会が開催され、そこで私が指導していたチームも参加しました。私たちのチームは惜しくも途中で破れてしまったのですが、決勝まで進んだチームの中で、なんと障害をもった子どもたちが活躍していたのです。投手の子は片手しかない中でウィンドミルの見事な投法で三振の山を築き、一塁手の子は杖をついていたもののファーストベース上できちんと捕球し、遊撃手の子も知的障害があったものの、守備や打撃などの基本的な動作はしっかりできていました。このように、何かしらのハンディを背負っていてもソフトボールができる、かつ決勝にまで進出できる。この姿を見たことが、人間の可能性を深く知り、今後、教育や医学をより深く学んでいきたいと決意する大きなきっかけとなりました。

第1回外あそび推進スペシャリスト養成講習会（三重）

Q. 大学や大学院ではどのような研究をされましたか。

　大学では、教育学部に進学しました。私の恩師が大学附属幼稚園の園長を務めていたことがきっかけで、そこに通う幼児とふれ合うことになり、また、幼児の「知覚・運動検査」の開発にも携わったことで障害をもった子どもたちや低年齢の子どもたちの健康や運動に大きな興味や関心が湧きました。その後、アメリカに渡り、障がい児教育を専攻し、修士号を取得。今後、自分自身の分野を進んでいく上で医学を学ばなければ先に進めないと思い、医学部で公衆衛生学を勉強し、医学博士号を取得しました。その後は、重症心身障害児施設や病院に勤め、主に機能訓練と運動訓

練を担当しました。子どもたちの障害の程度により、室内で遊ぶこともあれば、山登りや温水プールで訓練することもありました。外来を受診する子どもたちは親が付き添いで来るため、親子でいっしょにこれらの訓練を行うことが多く、この時の体験から、私が今、提唱している「親子ふれあい体操」の原点が生まれました。一番大事なのは、親も私と同じく共同治療者として協力して、子どもたちと接してくれることです。このことによって、治療効果が普段の何倍にも膨れ上がります。

Q. 現在は、どのような研究をされていますか。

現在では、主に早稲田大学の教授として、また、関連する学会や組織にて日々活動しています。早稲田大学の研究室では、主に「子どもの健康福祉を模索する」というスローガンのもと、子どもたち誰もが（障害をもつ・もたないに関わらず）心身ともに健やかな状態で、いきいきと生きることのできる健康的な暮らしのあり方（幸福）を考え、その途上で発生する様々な問題の改善や解決に向けて研究や実践を行っています。

私のゼミに通う学生たちは、子どもの健全育成、保育、運動指導、幼児体育、幼少児健康教育、子育て支援、生活習慣とリズム（生活環境）、体温研究、ボランティア活動、公園づくり（あそび環境）、遊具製作、絵本づくり、コロナ状況下における子どもへの活動支援など、多岐に渡るテーマに興味・関心を示しています。その中で、具体的な研究として、子どもの疲労と体温との関連、乳幼児・児童・生徒の生活リズムと体力づくり、公園・園庭の運動遊具の創作、幼児期の運動指導法、子ども支援活動（親子対応・レクリエーション活動の普及）、保護者の育児疲労と育児支援などの研究を行っています。

Q. 研究で得た成果をどのようにして教育現場へ向けて発信していますか。

研究や実践で得た成果を学会で発表することはもちろん、これらの研究で得た知見を、保育や教育・福祉に応用し、子どもたちの健全育成について検討するとともに、子どもたちの抱える健康福祉上の諸問題に対処するため、健康・生活習慣調査や運動指導を、日本以外にも、米国、中国、韓国、シンガポール、フィリピン等で展開し、健康づくりの啓発や実践活動を行っています。

具体的な教育現場の環境改善や意識変革のため、自治体の教育委員会と提携し、健康づくりリーフレットの作成、また、親子体操やレクリエーション活動の実技指導を、沖

2021年　日本レジャー・レクリエーション学会第51回学会大会（京都）

国際幼児健康デザインスペシャリスト養成講習会①

国際幼児健康デザインスペシャリスト養成講習会②（大阪）

国際幼児健康デザインスペシャリスト養成講習会③（京都）

国際幼児健康デザインスペシャリスト養成講習会④

2022年 5月　国際幼児健康デザインスペシャリスト(初級)養成講習会

縄やフィリピン、台湾などの遠隔地でも定期的に行っています。また、韓国や台湾地域、中国の大学で活躍する研究者や学生たちとの学術交流も行っています。

大学以外についても、幼児教育に関連する公益団体や一般企業とも提携し、多くの側面から幼児教育の現場に向けた発信も行っています。

Q. 中国とはどのような関わりや交流をもってこられましたか。

一番最初に中国に行ったのは 1990 年代ごろ、当時勤めていた倉敷市立短期大学で共に働く同僚の方が、なんと岡山県日中友好協会で活躍されていた方であり、その方のお誘いで 2 回ほど、訪中団に参加させてもらいました。訪中前も、中国のことについていろいろと教えていただき、期待の思いをもちながら訪中しました。1 回目は上海、揚州、鎮江など、長江の周りを巡る行程。2 回目は香港から水墨画の街として知られる桂林に行き、川下りをしたことを覚えています。

そこから一定の時を経て、再び私と中国の縁が復活しました。2010 年代に入り、中国でも幼児教育、中でも幼児の体育に興味をもった先生たちが研究会を開くようになってきました。そんなタイミングで、当時、筑波大学に留学していた上海体育大学の陸先生から私が出版した『0 ～ 5 歳児の運動あそび指導百科』を翻訳して中国で出版したいとの申し出がありました。結果として、復旦大学出版社から翻訳版が発刊され、それ以降も北京師範大学出版社や機械工業出版社、北京科学技術出版社などから、相次いで私の本が出版されました。

その後、幼児教育に興味をもち始めた先生方から招かれて数回中国を訪ね、2015 年からは体育の実技講習で呼ばれる機会も増えてきました。中国では、実技研修を行う人が多いですが、理論系の講演の際に、生活習慣や運動生理学など、他分野の知見と幼児体育を掛け合わせて講演を行う人が少なく、この運動＋理論を用いた講演が中国の先生たちに刺さったのではないかと思います。

2018 年には、国際幼児体育学会を設立し、中国では上

海支部を中心に各地を回り、現在ではオンライン等も活用しながら、中国の幼児健康教育環境や講師などの人材育成のために日々取り組んでいます。

Q. 長い間、幼児の健康教育に携わってきた中で、本質的に変わらないもの、もしくは、時代の流れによって変わってきた定説、概念、あるいは問題などはありますか。

本質的に変わらないものは、いつの時代になっても「子どもの生活リズムの大切さ」です。幼児期は、これからの発育のために一番重要な基礎づくりをする時期です。太陽と共に生活する、朝日と共に起きて、夕日と共に家に帰る。これは、からだの体温リズムとも連動しており、幼児期は特に大事にしないといけません。

しかし、最近は都市化の影響で夜寝るのが遅くなり、遅寝・短時間睡眠になり、朝ごはんも食べず、外あそびできる環境も少ないため、運動不足になり、また、自宅に帰ってもテレビやスマホ等の画面ばかり見るため、結果的に夜早寝することができない。加えて、この数年はコロナ禍の影響で外出することが憚られ、運動不足が加速の一途をたどり、体力低下や肥満もしくは食が細くなることによる痩せ型問題、目の酷使による視力低下、生活リズムが夜型になったことによる子どもの慢性的な疲労や倦怠感などを訴える子どもたちの増加など、様々な問題に繋がっています。

最近行った体力テストの結果を分析した結果、コロナ禍による子どもの体力低下はすぐ結果に現れず、1年から1年半近くの時間を経て結果に大きく影響したことが分かりました。また、コロナ禍ではテレビやスマホ等によるメディア平均試聴時間は以前の5時間近くから、現在では8時間に達しています。このように、目を酷使して運動不足が続くと、将来の発育や体力づくりに大事な心臓や肺臓の発達に影響が出ることも深刻な問題と言えます。

Q. 前橋先生の今後の展望についてお聞かせください。

健康管理上の様々な問題に対応し、子どもたちへより良い生活環境を提供するために、栄養（食事）、運動（あそび）、休養（睡眠）のバランスをベースにした幼児期からの健康デザインの必要性を数多くの人々に、例えば、指導者、学者、保護者、そして、政策づくりをする議員さんたちに説いていく必要があります。そのため、学術

著書『幼児体育実技編』の中国語翻訳書籍

著作は中国語簡体字、繁体字、英語等、他言語に翻訳されている

的な理論や教育現場での実践などの知見を掛け合わせたものを、私が携わっている学外の様々な団体と協力して発信をしています。例えば、保護者に向けては、日中児童健康LABでセミナーを行ったり、インタビュー形式の動画を通して子育て真っ只中の親御さんたちの問題に答える形で健康づくり方法を発信したり、また、指導者育成に関しては、国際幼児健康デザイン研究所で国際幼児健康デザインスペシャリスト養成講座を開催して、全国の教育現場で学ぶ指導者たちへ最新の知見や健康デザインの必要性を発信。それに、国会議員や官僚に向けては、外あそびを推進する会で定期的な勉強会や講演会を開催して、最新の健康理論の発信や国への提言を行っています。

これからも、理論＋実践の最新知見を発信、そして教育現場に普及できるよう、指導者や関係者の方の育成、この2枚看板で活動していきます。

前橋明教授が会長を務め、幼児体育を啓蒙する
一般社団法人 国際幼児体育学会
International Society of Physical Education of Young Children

　国際幼児体育学会は、日本幼児体育学会の基本的な理論や実践などの知見を基礎に、2018年8月に早稲田大学で設立された一般社団法人です。会長は、早稲田大学人間科学学術院の前橋明教授が務めています。

　教育の中でも、乳幼児期（0歳児〜6歳児）の「体育」は、幼子の心身全体をしっかり働かせるよう、様々な運動や運動あそびを行うので、心身の全面的な発達にとって必要な経験が関連し合って積み重ねられていきます。つまり、「幼児体育」で身体活動を十分に行うよう教育することは、多様な動きを身につけさせるだけでなく、心肺機能や骨形成にも寄与し、安全能力や体力を向上させる等、生涯にわたって役立つ健康を維持し、何事にも積極的に取り組む意欲や精神力を育み、友だちを思いやる社会性や情緒の安定、創造力の育成をも図って、豊かな人生を送るための基盤づくりとなります。

　本会には、日本以外にも、中国、韓国、フィリピン、アメリカ、シンガポール、モンゴル、ベトナム、インドネシア、マレーシア、エジプト等、数多くの国で、幼児の健康や体育に携わっている大学教授、研究者、企業、幼稚園、保育園関係者など、業界内においても幅広い層のメンバーが参与しています。定期的に開催するフォーラムや、発刊する学会誌「The International Journal of Physical Education of Young Children（石井浩子編集委員長）」を通して、各国で取り組んでいる最新の「幼児体育」理論と実践を融合し、子どもたちに提供できる国際的な学術団体として、本学会は設立・運営されています。

2019年　国際幼児体育学会深圳大会

2019年　国際幼児体育学会上海支部メンバーとの交流検討会

2019年　北京で開催した理事会

2018年　国際幼児体育学会上海支部主催幼児体育指導者養成講習会

国際学会の開催、国際幼児体育楽研究、情報提供

　幼児体育の国際的な動向を学ぶとともに、最新の幼児体育理論、および、実践研究の情報交換のための「国際学会の開催」、学術誌の発刊や論文の投稿、研究情報の交換を目的とした「国際幼児体育学研究」、「国際幼児体育楽研究」、ニュースレターの発行など、幼児体育に関する最新情報を発信する「情報提供」を大きな3つの活動内容と定め、日々活動を行っています。

　国際幼児体育学会の学会大会は、第1回を日本で、第2回を中国で開催しました。第3回目以降は世界的なコロナ状況の影響で中止していますが、学会誌への寄稿やオンラインを使っての研修会を定期的に実施しています。

　また、中国においては、上海体育大学の支持を受けており、2018年から20年までは毎年実地講習を行っており、上海以外にも西安、北京、深圳、四川などを訪問しました。上海と西安には本学会の支部もあります。現在でも、中国国内の幼児健康環境改善・拡充のため、日々様々な活動を行っているとともに、オンライン講習という形で、定期的に日本との講習、指導、研修を行っています。

2022年　国際幼児体育学会 第2回西日本学会

2019年　国際幼児体育学会四川大会

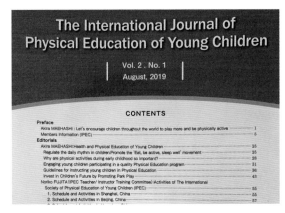

国際幼児体育学会 学会誌「The International Journal of Physical Education of Young Children」

2019年　国際幼児体育学会浙江視察

前橋明教授が発起人として国や自治体に提言する
外あそび推進の会

「子どもの健全な成長のための外あそびを推進する会」
※以下『外あそびを推進する会』は、子どものからだ、心、そして、脳の健全な発育に寄与するという「外あそび」の重要な効能に注目し、日本の子どもたちが、身近な環境で外あそびを行うことができるような活動として、2020年に設立された任意団体です。急激な少子化に直面する日本において、未来を担う子どもたちの健全な成長を社会全体で支えていくことは、極めて重要です。

しかし、近年はデジタルデバイスの浸透や生活の夜型化、コロナ禍などによる生活環境の変化によって、子どもが外あそびをするのに必要な空間・仲間・時間、略して「3つの間」（サンマ）が不足し、多くの子どもたちにとって、日常的な外あそび体験の確保が難しくなっています。

外あそびは、身体的・社会的・知的・精神的・情緒的な成長に重要な役割を果たし、健全・健康な発育に加え、社会の未来に貢献し、自立した人間形成に貢献するものです。本会は、外あそび時間が減少し、あそび場の確保が難しくなっている現状を改善するため、外あそびの効能について調査、分析、啓発活動を進めるとともに、国や地方自治体に働きかけ、すべての子どもが身近な場所で日常的に外あそびを行える環境を整備することを目標に、前橋 明教授が代表発起人となり、2020年に立ち上げられました。

2021年6月　外あそび推進要望申し入れの様子

2022年11月　外あそび推進提言申し入れ時の様子

2022年8月　第1回外あそび推進スペシャリスト養成講習会（三重）

「政策への働きかけ」と「情報提供・啓発活動」

外あそびを推進する会の主な活動内容は、「政策への働きかけ」と「情報提供・啓発活動」の2つです。

外あそびをしやすい体制・環境整備は、個々の家庭、保育園や学校、企業やその他団体の取り組みによってのみで実現できるものではありません。国や自治体が、外あそびの推進を重要政策と認識し、個々の取り組みを支援する制度を整えていくことが必要です。そのため、同会では、特に重要課題と捉えている「環境整備」、「人材育成」、「意識変革」および啓発の3つの側面から、行政による取り組みの強化を働きかけています。

同時に、自治体と連携した推進策の試行、好事例の拡散など、推進のための具体的な施策について、提案を行っています。例えば、国会議員のみなさんや、保育、教育・体育に関する関連省庁、関連機関の代表者たちとの間で、定期的に勉強会を実施しています。

2020年10月から始まった国会議員との勉強の成果としては、2021年に発表された『こども庁創設に向けた第二次提言～Children First の社会の実現に向けて～』の提言内に、外あそびの重要性、また、推進政策の実施が盛り込まれました。

それ以外にも、同勉強会を通して出てきた課題や意見をまとめた政策提言を、2021年6月には加藤勝信官房長官（当時）に、2022年11月には小倉將信少子化担当大臣に、子どもの外あそび環境の整備に向けた要望を申し上げ、提言書を提出しました。小倉大臣に要望を申し上げた際には、私たちのイベントに参加した小学生たち自らがあそび環境の充実化を求める当事者の声を政府に届けました。

そして、外あそびの重要性に関する社会的な認識を高めることを目指し、定期的に外あそびが子どもの発育や社会にもたらすプラスの効果や、子どもに関する調査結果、地域をあげた外あそびの推進に成功している自治体・団体の事例や、外あそびを促進する上で役に立つ情報を発信しています。また、外あそび推進のためのシンポジウムや講演会のライブ配信、幼稚園・保育園・小学校や公園などでの外あそびイベントも開催しています。

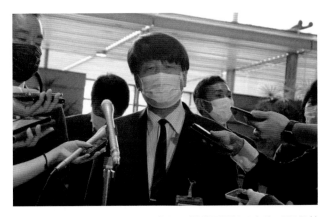
外あそび推進要望申し入れ時の囲み取材

2022年8月　第1回外あそび推進スペシャリスト養成講習会（三重）

2022年11月　外あそび推進提言提出時の様子

2022年11月　外あそび推進要望申し入れ記者会見

「こども発達らぼ& kids」
世界唯一のグローバル児童発達支援事業を目指し、
発達障害指導「療育」で社会改革に挑む！

さわだ　つねひこ
澤田　恒彦

1980年10月17日、国が指定する難病である骨形成不全症を持って千葉県に生まれる。特別支援学校卒業後に新卒でイトーヨーカ堂に就職。その後、専門学校にて公務員試験の勉強を行い、横浜市に就職。その後、独立して新しく会社を立ち上げ、現在は2社目であるHeROINTL株式会社の代表取締役を務める。就労継続支援事業所運営の他に、2021年11月には障害児を対象とした保育事業「こども発達らぼ& kids」を新事業としてスタートし、事業拡大を押し進めている。

`INTERVIEW`

Q. 澤田社長が起業をしようと思われたきっかけを教えてください。

私は中高では特別支援学校で学び、その後一般職を経験してから横浜市で公務員として働いていました。仕事のやり甲斐はありましたが、役所というのは平等と公平を守るため、多くのルールに縛られています。そのため、助けを必要としている障がい者に手を差し伸べることにも多くの制限があることに疑問を抱きました。

そこで自分が障がいを持っていることを強みに、何かできないかなと考えるようになったのです。当時、私の家に定期的に来てもらっていたホームヘルパーさんから福祉現場の問題を聞き、自分だったらこの環境を改善できるのでは、という気づきから起業することを決意し、訪問介護の会社を作りました。

Q. その後、児童発達支援事業を始められたきっかけは何だったのでしょうか。

訪問介護の仕事をしていく中で、障がいを持つ方の親族と接する機会が増え、現場のニーズが徐々に分かるようになってきました。その中で、子どもたちを預かってもらえる場所を作って欲しいという声が多数あることに気づき、先ず放課後等デイサービス事業をスタートしました。

最初は横浜市青葉区から、その後は関東地方、南は沖縄まで合計12箇所の事業所を作りましたが、株主との折り合いがつかずに会社を手放すことになり、現在のHeROINTL株式会社を設立しました。

主な業務としては障がい福祉サービスのコンサルティング、フランチャイズ事業の展開、発達障がいの子どもたちの居場所作りなどです。具体的には、発達障がいを持つ児童に1日でも早く社会に適応してもらえるように支援する児童発達支援事業所を運営。また将来の出口として、一般企業で働くことが難しい障がい者への就労支援や、企業向けの障がい者が働きやすい環境作りコンサルタントなどです。

Q. 当初の事業である放課後等デイサービスから、児童発達支援に事業を切り替えた理由はなんですか。両者にはどのような違いがありますか。

基本的な支援内容は同じですが、大きな違いとしては、児童発達支援の対象は未就学児で、受入時間は日中であること、1回の通所で国より1.6万円支給されることです。放課後等デイサービスの場合は小学生〜高校生、平日放課後＋学校が休みの日は日中受入、1回の通所で1万円となっています。

とりわけ、私が児童発達支援事業のスタートを決めた理

渋谷クロス FM に出演した際の集合写真

由は、児童発達支援を受ける年齢が低年齢であればある
ほど、療育の効果が大きいと感じたからです。発達障が
いの多くは、ストレスやその他の要因によって鬱などの
2 次障がいを発症してしまいます。また私自身が多くの
障がい者と接してきた経験から、年齢が増し、ある程度
成熟している方への指導は難しい部分が多いのです。よ
り多くの障がい者雇用を促進、より良い共存社会を達成
するためにも、幼少期からの療育が必要不可欠になって
います。

　また放課後等デイサービスは事業者の数が大きく増
え、現在市場がある程度成熟しています。一方、児童発
達支援事業は新規参入の障壁や、国からの支援が手厚い
という側面から選びました。

Q. 児童発達支援の現状と問題について教えて
いただけますか。

　令和元年度付で厚生労働が発表した資料によると、
児童発達支援事業者は全国で 6,846 事業所あり、約 11
万人の方が利用しています。一般的に人口の 6 〜 7% が
障がいを持つと言われており、また医療の発展や発達障
害 (ADHD など) の認知度向上により、療育を受けるチャ
ンスが拡大しており、児童発達事業者をこれからも増や

こども発達らぼ & kids 相模原事業所

外あそびを取り入れた療育指導

室内遊具を使って身体を動かし脳を刺激

自然に触れるため定期的に行う屋外散歩

していく必要があります。

しかし、そのためには2つの大きな変革が必要です。1つ目は親の意識改善です。一般的には乳幼児検診の結果で、療育を勧められることが多いのですが、一部の親は自身の子どもの障がいを受け入れられず、適切な療育機会を消失するケースも数多くあります。自分に選択権が無い幼児にとって、親の選択一つで将来が大きく左右されます。我が子を思うのならば、是非適切な療育を受けさせるように意識を変革してほしいと思います。

2つ目は社会全体の福祉事業に対する印象改善です。福祉事業は社会的な立場が低く、低賃金かつ商業性が好まれないというイメージが根強いと思います。福祉も立派な仕事であり、ビジネスとしてお金を稼ぐ権利があるにも関わらず、他の医療職と比べて収入も社会的地位も低いため、人材不足に陥っています。この環境を変えるためには待遇改善や、収益性を考えたビジネス的な展開も必要不可欠です。より多くの療育を必要とする子どもたちのため、そして業界全体のイメージ改善と質向上のため、そして、継続的な人材確保のために、福祉的目線を中心とした事業所以外にも、一定のビジネス的目線を持った事業所を展開していくことが必要でしょう。

Q. 児童発達支援事業所では主にどのような指導（療育）を行っていますか。

療育の内容は集団と個別の2つに分かれます。集団は人間性を磨く指導内容となっており、感情のコントロールや、順番待ちなどの社会ルールを学び、コミュニケーション能力の向上を図ります。個別に関しては、幼児一人ひとりの障がいに向き合い、適切な指導を行います。苦手なことを克服する指導も行いますが、主に得意なことをさらに伸ばし、全体的に幼児たちのスキルを底上げする指導が主流です。

全体の内容を見ると一般の幼稚園、保育園と大差が無いように見えますが、児童発達支援では少人数教育を行っています。先生1人で見る幼児は数名程度が普通であり、よりきめ細やかな指導を通して、1日でも早く適切に自身の個性に向き合い、スキルを伸ばし、小学校からの就学生活に備えるようにしています。

Q. 現在運営している事業所の指導（療育）内容と外国人受け入れについて教えてください。

現在千葉県八千代市と神奈川県相模原市に事業所を構えています。両方とも20人程度の利用者がいます。外国籍の方の利用や問い合わせが増えてきているので、将来は多国籍の児童を受け入れ、多国籍の文化や習慣を体験し、尊重し合える、障がいを個性として取り扱える世界で唯一のグローバル児童発達支援事業所にしていきたいと思っています。

また私たちの事業所は早稲田大学の前橋明教授の提唱している外あそびに感銘し、この理論を応用した外あそびを指導内容に取り込んでいます。外あそびを通して自然に触れ、自然を通して感覚が研ぎ澄まされる。そして太陽を浴びることで健康的になり、たくさん歩くことで脳により刺激を与え、活発化させます。私たちの事業所では、歩行訓練という名目で、子どもたちにできる限り動いてもらい、バランス感覚や危機回避能力を身につけ、体力を含めた総合的な発育の向上を図ります。このように日本の最新理論とグローバル受け入れを実践するチャレンジ精神を持った事業所は日本でも我々だけだと自負しています。

Q. 障がいを持つご家庭、親御さんに向けてエールをお願いします。

親は子どもに大きな影響を与えます。そのため、子どもが変わるには親の接し方が非常に大事です。障害を持つ我が子とどのように接すれば良いか分からず、悩んだり辛い思いをしている方も多いと思います。その時は私か、児童発達を専門とする先生に相談してください。自分だけで抱え込まないことが大事です。また障がいは個性の一つです。障がいも一つの可能性だと考え、その可能性を信じて、決して諦めないで、子どもに接してください。そして子どもたちの好きなこと、夢中になれることを見つけて、それを応援してあげてください。

そうすれば、私自身もそうでしたが、最終的に仕事につながるケースが増えます。子どもたちの可能性は障がいを持っていても無限大です。親が、子ども自身が、勝手に限界を決めずに、お互いの可能性を尊重していって欲しいと思います。

Q. ところで澤田さんご自身は、障害を個性と捉えるようになったきっかけはありますか。

最初は全く向き合うことはできませんでした。街中に出ても指をさされ、学校でもいじめられ、なんで自分だけと否定的になり、疎外感を感じることもありました。ある時期、学校でいじめられて家に帰った際、母親が自分に謝ってきたことが衝撃的で、障害のせいで母に心配をかけたくない、強くならなければ、と決意しました。その後、社会に出ていく中で、色々な人と接し、経験が積まれていったあるとき、ふと障がいは個性だと思いました。例えば、障がいを持っているから映画を安く見られる、注目される機会も多い、出会える人も多い。こんなにたくさんメリットがあると思えたことで、一気に道が開けた気がしました。

障がい＝ネガティブなイメージに無意識に分類されてし

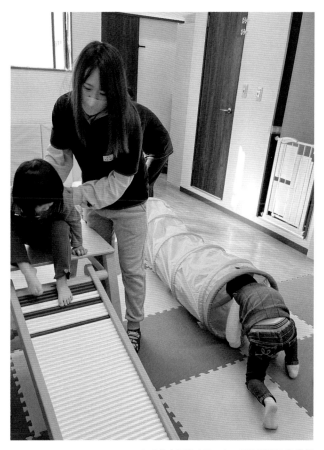

たくさん運動することで発育効果も倍増①

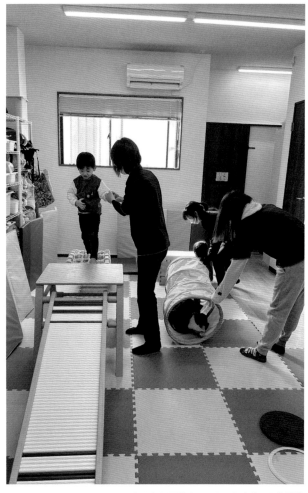

たくさん運動することで発育効果も倍増②

59

子どもたちと触れ合う相模原事業所代表の近藤所長（中国出身）澤田氏の中国に対する印象を大きく変えたキーパーソン

まいがちですが、障がいも立派な個性です。社会全体が障害の有無に関わらず、お互いの個性を尊重して、お互いの得意不得意を活かし、かつ補い合うような世界を創り出すことが大事だと感じています。そのために大事なことは、障がいを持っているから補助を受けるのは当たり前と思うのではなく、些細なことに対しても感謝の気持ちを伝えることだと思います。私自身そのようにしていますし、子どもたちにも伝えています。

Q. 中国とは何か繋がりがありますか。

中国には渡航したことがありませんが、仕事を通して日本に住む中国の方と接する機会も多く、現在一緒に児童発達支援をしているビジネスパートナーも中国出身の方です。皆さん勤労勤勉で、フレンドリーな方が多いイメージです。正直昔は中国人に対するイメージは良くなかったのですが、中国の方と触れあうようになり、気づいたら外国人の中で一番イメージが良い国へと変わっていました。

また中国でも福建省アモイを中心に杭州、広州、深圳などで児童発達支援施設が多く運営されていると聞いています。中国で「特殊児童」と呼ばれる療育を必要としている子どもたちへ、日本からですが何かしらの形で支援したい

と常々思っています。将来は、事業の規模も投資の規模も異なりますが、いつか中国でも事業所を運営できればとも考えています。

Q. 今後の夢や展望をお聞かせください。

大きく分けて3つあります。1つ目はアイデア即チャレンジができる一定の資金力を有したビジネス環境を整え、なんでもできる福祉を目指すことです。2つ目は福祉関係で共に働いた仲間たちと一緒に街を作ることです。福祉現場で一定期間働いた後に、他の業界でも働きたいという意見が多いので、そういった仲間を巻き込んで、他業界に行っても福祉目線が入った取り組みを実現できるような、そんな福祉に特化した街を作ることができれば画期的だと思っています。

3つ目は、政治家になることです。私は日本が大好きですが、様々なしがらみが存在し、生きづらさを感じるところも多々あります。この根本的な仕組みを変えるには、やはり政治の力が必要不可欠だと感じます。実際に選挙プランナーの方に国政出馬に必要な費用を問い合わせたところ、最低でも1億円かかると言われました(笑)。実際議員になった暁には、現在の障害者就労支援施設へ多くの仕事

フランチャイズ・ショーに出展した際の様子

を割り当て、より障がい者が目に見える形で社会に貢献していることにスポットライトを当てたいと考えています。

　また最近は日本経済の冷え込みが著しいので、労働力を増やし、かつお金を使ってもらうことが大事です。そのためにも、生活保護や年金などの社会保障制度もテコ入れしたいと考えています。程度の重い病気や障がいで働けない方もいますが、それ以外の何かしらの要因で働くことを諦めてしまっている方を対象とした就労支援を国の政策として行い、働きやすい労働環境と一定の仕事量を供給し、その成果として所得が増え、消費が促進される仕組みを作りたいですね。総じて、各々が持っている障がいという個性を最大限に活用して日本の経済を活性化させられるような仕組みづくりをしてみたいと思います。

こども発達らぼ & kids 八千代事業所

子どもたちの送迎で使うバス

新機軸を打ち出し、在日華人芸術教育を牽引する

華翼国際文化教育集団社長・何慧群氏インタビュー

文／『和華』編集部　写真／何慧群

何　慧群
（か　えいぐん）

華翼国際文化教育集団社長、チャイナリニア株式会社代表取締役、東京華楽坊芸術学校校長、『少年華僑報』社長。中国江西省出身、2006年日本に留学し、早稲田大学大学院修士修了。日本江西总商会副会长、日中文化旅行促進会会長、東京多元交響楽団運営総監督等を兼任。

INTERVIEW

日本で華人芸術教育といえば華翼国際文化教育集団がその筆頭だ。在日華人の芸術素養と芸術教育水準を高めることを目標に掲げ、「教室での教育、舞台演出、昇級試験」を組み合わせた教育カリキュラム体系を何年も続けており、すでに在日華人芸術教育を牽引する著名なブランドとなっている。その創始者兼社長は、在日華僑の何慧群氏だ。

（2022年）第15回東京華楽坊芸術学校音楽発表会

中国建国70周年記念絵画展

2019年東京華楽坊芸術学校ダンス発表会

中国の江西省に生まれた何慧群氏は、もともと学校の体育教師だった。当時中国では、体育教師といえば「肉体ばかり丈夫で勉強はできない」と連想しがちだった。そのような偏見を変えるため、また新たな人生の可能性を見つけるために、何氏は32歳のときに退職を決断し、体育についてより深く学ぶため日本にやってきた。

語学学校で2年間日本語を学んだあと、さらに早稲田大学運動科学研究科に合格し、38歳で卒業した。卒業後、元々日本で就職しようと思っていた彼女は年齢制限のため度重なる挫折を経験する。最終的に、自分自身で創業することを決意した。何氏は当時日本に在日華人の子どもたち向けの総合的な芸術養成機関がないことに気づき、その空白を埋めるために2013年、東京華楽坊芸術学校を創設した。

日本には子どもの芸術養成機関は数多くあるが、なぜ世の親たちはわざわざ華人が創設した芸術機関を選ぶのか？何慧群氏は親たちには二つの目的があると説明する。まず、日本で生まれた子どもたちは中国語に触れる機会が限られている。そのため親は子どもに芸術を学ばせると同時に中国語を学ばせ、「一挙両得」を期待している。次に、日本の楽しく学ぶようなリラックスした養成機関に比べ、堅実な中国式の基礎教育はより在日華人の親に受け入れられやすく、子どもの学習効果や進歩のスピードもすぐに分かる。

長年かけて発展した華楽坊は、首都圏と周辺地区に多くの分校や教学の場を開設し、1000平米を超える専用の教

2020年東京華僑華人子供春節フェスティバル

琵琶レッスン

2021年中国フェスティバル

室やダンススタジオ、ピアノ室を擁している。成人と子ど
も向けに21の芸術科目を設置しており、昇級試験センター
と国際文化交流センターも完備している。いまや華楽坊は
在日華人の文化芸術教育、国際コンクールの普及、海外芸
術試験、芸術留学など多岐にわたる業務を内包する総合教
育機関に成長している。

　たえず創造性を追求している何慧群氏は、常に華人教育
のトップを走っている。何氏は、今のところ在日華人の子
どもの教育は6歳以上がメインで、2～6歳の早期教育は
空白ができていることに気づいた。そこで、初めての華人
早期教育機関——MOMOKA（百禾）早期教育センターを
創設した。

　さらに、在日華人の人数が100万を超えた今、華人の
子ども教育はますます重要視されてきていると考え、華人
華僑の子どもに向けた新聞が必要であると考えた。そして
2021年、日中両言語の新聞『少児僑報』を創刊する。『少
児僑報』は毎月1日発行16面からなり、内容は日中の文化、
芸術、社会、科学技術、教育、健康、自然など様々な領域
に及ぶ。これは日本で刊行される中国語媒体としては初め
ての華人華僑の児童・青少年に向けた新聞である。2022
年9月から日本華文教育基金会と共同で発行され、現在毎

2022年秋上野スケッチ

月の定期発行数は1000部を超えている。

　「辛いことも沢山ありますが、生徒や保護者の皆さん、
スタッフや講師、応援してくださる方々のことを思えば踏
ん張ることができます。『笑っても笑わなくても人生、な
らば笑って過ごしたい』と常に思い、これからもどんな困
難があっても経営者としての責任を持って乗り越えてゆき
ます」と在日華人芸術教育を牽引する何慧群氏はこのよう
に締めくくった。

心とを込めた教育、愛を込めた養育
初の華人早期教育機関

MOMOKA（百禾）早期教育センター

MOMOKA（百禾）早期教育センターは、2〜6歳の幼児と、児童の潜在能力の開発を目指す教育ブランドである。このセンターは日本華翼国際教育集団の傘下で、同集団で在日華人最大の芸術養成機関である東京華楽坊芸術学校のプラットフォームが華人に早期教育サービスを提供している。

百禾早期教育センターはモンテッソーリとオルフ音楽教育理念を取り入れ、感覚処理と身体能力の訓練を融合させ中国語を主とする語学授業がある。現在、東京の華人が比較的集中している大久保、川崎、船橋、西川口の四つの校区がある。

MOMOKA（百禾）早期教育センターは「心をこめた教育、愛をこめた養育」を理念に、年齢に応じた心と知能の開発で子どもの潜在能力と認知を刺激することを目的とし、子どもたちが楽しく体験しながら学習し成長できるよう導いている。言語知能、音楽知能、数学ロジック知能、運動知能、空間知能、内省知能、人間関係知能、自然観察者知能といった多元知能のカリキュラムを主としている。豊富なカリキュラムは子どものバランス感覚、感覚処理、身体協調性など各種潜在能力を鍛錬させると共に自信も身に着けさせ、人格を完成させる。グループ授業以外にも、センターは子どものそれぞれ異なる性格の教育ニーズに基づいて、一対一カリキュラムも設置している。

「心をこめた早期教育、愛をこめた早期養育、在日華人自身の早期教育ブランドを作る」は MOMOKA（百禾）早期教育センター創設の初心であり、今後も専門講師を育てると同時に在日華人の特性に合わせた独自の教材と体系を開発し、改革と教学内容の整備を続けていく。

①②③MOMOKA早期教育センターレッスン様子と教室風景

弁当箱に秘められた愛

アジア食育推進協会代表理事柳田文華氏による「食育」と「美育」

文/『和華』編集部　写真/柳田文華

柳田　文華
<small>やなぎだ　あやか</small>

オリジナルデコレーション弁当の達人。WeChat公式アカウント「佳佳弁当」創設者、食育インストラクター。日本在住22年、文華株式会社代表取締役。一般社団法人 アジア食育推進協会代表理事。

　1日3食の栄養バランスは健康と密接に関係しており、特に乳幼児期は「食育」が非常に重要である。中国では、6歳以下の肥満児の割合は10.4%、6歳から17歳の子どもや青少年の割合は19%と高く、すでに無視できない問題となっている。一方、日本は世界で最も肥満の割合が低い国の一つであり、幼い頃からの食育が重要な役割を果たしていることは間違いない。

　日本政府は2005年に「食育基本法」を制定し、食育を生存のための基礎知識及び知育、徳育、体育の基礎に位置づけて推進している。日本人が考える子どもの「食育」は、健康や栄養に関する知識を得て、料理を学び食文化やマナーを習得するというだけでなく、何よりも食べることの「必要性と喜び」を自然と理解し、一緒に料理したり飲食を楽しむことで、食べ物や美味しい料理を作る人への感謝を呼び起こし、ひいては飲食文化への理解と伝承につながる、というものなのである。

在日華人ママ文華さんが娘に作るオリジナルデコレーション弁当

　東京に住む華人ママ柳田文華さんは（一社）アジア食育推進協会代表理事でありオリジナルデコレーション弁当の達人でもある。食育を生活に取り入れ、娘に美味しくて栄養価の高いものを食べさせるため、さまざまな食材を使ってカラフルでおいしい弁当を作っている。また、お弁当作りでは「美育」を提唱し、さまざまな食材の色の組み合わせやコンセプトのあるデザイン要素を通じて、子どもたちの想像力や美意識を育んでいる。

　文華さんが弁当作りを始めたのは娘が1歳の時。子どもが好き嫌いをせず、喜んで食べてくれるようにと「テーマ弁当」に力を入れた。子どもの興味を引くような可愛い漫画の型を使い、調理法や食材のバリエーションを試行錯誤した。弁当のテーマは、当初は模倣が多かったものの、後に独自のアイデアを取り入れ、新機軸を打ち出していった。 娘が寝る前に読む絵本の中に登場する様々な小動物や漫画のキャラクターは、彼女の創作インスピレーションの源となっている。最初のママ見まねから現在のオリジナルまで、すでに600種類以上のテーマ弁当を作っている。

クマと中国の国旗をテーマにしたお弁当、栄養バランスも抜群

娘一緒にお弁当を作るのは文華さんにとって何より至福の時間。そして、娘はだんだん自分でもお弁当を楽しく作れるようになっている。

食育と美育を融合させた
親子の触れ合いの機会

　文華さんは「食育」と「美育」を日常生活の中に取り入れることが大切だと考えており、デコレーション弁当はこの二つを融合させる最高の親子触れ合いのイベントであると考えている。子どもと一緒にお弁当を作ることで、親子のコミュニケーションがより親密になり、子どもにお弁当から「愛情」を感じてもらえるだけでなく、視覚、聴覚、触覚、味覚、臭覚などの五感や、実践力、想像力、美意識を養うことができる。

視覚
色彩の認識：白いご飯、青野菜、真っ赤なトマト、オレンジ色のニンジンなど、絵カードよりも直感的に色がわかる。

聴覚
音声の聞き分け：鍋や食器の素材が違うと音も違う。子どもに箸を渡して自由に叩かせると違いが分かる。

触覚
食材に触れることで熱湯は熱い、氷は冷たくて固い、豆腐はなめらかでくずれやすいなどがわかる。

味覚と臭覚
味、匂いを識別：酢は酸っぱい、砂糖は甘い、塩は塩辛い、唐辛子は辛い、ニンニクはむせるし玉ねぎは涙が出、料理が出来がる時には良い香りが漂うとなどがわかる。

算数
食材を使って、子どもと一緒に数え方や算数を学びながら、数字や量詞の勉強をすることができる。

手動能力と想像力
子どもと一緒に弁当のキャラクターの形を作ることは、子どもの手動能力想像力を刺激するのにとてもいい方法である。

美意識
食材の色合わせや形作りなど美的感覚も養われ、絵画や粘土などアートの才能を伸ばすための基礎作りにもなる。

娘は文華さんと一緒に弁当作りを楽しんでおり、食材や道具は娘にとって自然のおもちゃになっている（安全が確認されていることが前提）。食材を手に取って観察したり遊んだり、話せるようになるとお弁当を作りながら「質問遊び」（食材の名前、色、栄養素の用途などを答える）をよくしていた。もっと大きくなると、文華さんが使っている道具で娘が自分で図案を描いたり形作りができるようになった。文華さんは、子どもの模倣能力と想像力・創造力は大人の想像を超えていることに気づいた。娘の成長とともに毎日デコレーション弁当を作ることは文華さんの生活の中で習慣となり、その喜びと満足感を味わっているそうだ。

2015年、第2回「行楽お弁当大会」の中国大会で、文華さんのデコレーション弁当が1位を獲得した。あれから彼女が作った弁当は多くの人に注目されるようになった。2016年4月、熊本県で発生した大地震の後、文華さんは「パンダがくまモンを応援している」というテーマで「愛情弁当」を作り、被災地の方々にエールを送った。そして、そのお弁当は60万円で落札され、熊本支援のために使われ、日本のメディアからも広く注目されることになった。

現在、文華さんはインターネットを通じてお弁当の作り方を伝えるだけでなく、上海や成都の大学、小学校、幼稚園、日本領事館などで講演会や親子弁当のイベントを開催している。そして彼女は「食育」と「美育」の理念をより多くの美食家やママたちに広めていきたいと考えている。

オリジナルデコレーション弁当を通して、文華さんはインタネットブログ、講演会、交流会などで「食育」と「美育」を発信し続けている。

第2回「行楽お弁当大会」の中国大会で1位を獲得したお弁当

60万で落札された「くまモンとパンダ」のお弁当

和華

草の根外交を目指し、日中「平和」の「華」を咲かそう！

生の声
我が子初めての○○！

ケント　我が子初めてのヘディング

3歳の頃の写真です。スポーツや身体を使って遊ぶのが好きでした。いまも小学校のお昼休みにサッカーをして遊んでいるようです。

竹田武史　初めて犬と遊んだ公園

息子が1歳半で歩き始めたばかりの頃、自宅から少し離れた公園に出かけてみると楽しい出会いがたくさんありました。初めて犬に触れたのもこの公園でした。それから8年後、私たちは公園の近くに移り住み、犬を飼い始めました。小学4年生の息子にはもちろん、私たち夫婦にも、家族が1人増えたかのような楽しい日々が始まりました。

上原晶美　幼稚園の未就園児クラブ活動に初参加

2歳7ヶ月の娘は先週幼稚園が決まり、来年新学期の入園を待ち望んでおります。

この日は初めてその幼稚園の未就園児クラスに参加しました。家では日頃中国語と韓国語が混ざった生活をしており、先生の日本語が分からないものの、何とかついていこうとする姿は頼もしかったです。最後は幼稚園の大農園に行ってさつまいも掘りをし、豊作を楽しみました。

初めて立った瞬間、初めての食事、初めてのプール、初めての保育園・幼稚園…幼児期の「初めて」は一度きり。その貴重な瞬間は、親御さんにとっても大切な思い出です。幼児教育の特集に合わせ、読者の皆様にお子さんが幼児期に初めて体験したことを投稿いただきました！

小静　息子の初めての体験は『味噌づくり』

コロナ禍で子育ても多くが制限されていますが、できるだけ多くの事に触れてほしいと、息子には食育やモンテッソーリ教育を行っている私の会社の託児所に時々通わせています。そこで体験したのが、豆から作る味噌づくり。手をお味噌でぐちゃぐちゃにしながら、真剣な面持ちで作っていました。

Bonnie　初めての秋の散歩

去年の秋はまだちゃんと歩けなかったが、今は歩くどころか、走り回っている。週末に家族揃って六義園に散歩に出かけた。木の枝やどんぐりを次々と拾い、「頭に葉っぱを載せました」と童謡も口ずさんいた。この子のお陰で、自然をより楽しめたと感じた。

神康文　我が子初めての絵本

玄輝2ヶ月半のとき、友人から頂いた絵本『しましまぐるぐる』をたまたま読み聞かせると、目がキラキラして、鮮やかな誌面を真剣に読んでいました。まだ小さい赤ちゃんですが、絵本にこんなに興味があるのかとびっくりしました。あれからほぼ毎日絵本を読み聞かせて、最初は2、3冊、1ヶ月後は大体5冊、今はほぼ毎日10冊ほど読んでいます。読書が大好きな子供になればいいね。

専門指導・舞台出演

TOKYO TAGEN SYMPHONY ORCHESTRA
東京多元交響楽団

随時団員募集

【募集要項、条件】
企業・地域などの管弦楽団経験者
管弦楽学習者

リハーサル会場：東京多元文化会館
東京都港区赤坂6-19-46 TBKビル
アクセス：都営大江戸線・地下鉄日比谷線『六本木』駅 7番出口 徒歩7分
地下鉄千代田線『赤坂』駅 6番出口 徒歩8分

■ 入団費用：合格者はすべて無料です（団費、リハーサル費、出演費）
■ 木管楽器：フルート　クラリネット　オーボエ　バスーン
■ 金管楽器：トランペット　ホルン　トロンボーン　チューバ
■ 弦楽器：バイオリン　ビオラ　チェロ　コントラバス
■ 打楽器：スネア　ティンパニ　マリンバ
■ その他：ハープ　ピアノ
※詳細は下記、お問い合わせ・応募サイト用コードからご確認ください

■ 主催 東京多元文化会館
　企画 株式会社アジア太平洋観光社
　運営 東京華楽坊芸術学校

■ 連絡・お問い合わせ：
電話：03-5715-1063　080-5641-7511
WeChat: Chinalinear

応募サイト用コード

日本头条 直播间

日本トップニュースライブ配信は 2020 年 4 月から開始した、在日中国人と日本人の両者に
教育・生活・文化交流支援事業等を行うことによって相互に異文化を理解することを助け、
日中両国民が「調和の取れた共生社会」を形成することを目指すプラットフォームです。

1

専門的な設備

ビデオカメラで映した出演者の姿と、PC に表示しているスライド資料の内容を切り替えながらライブ配信することができます。また、音響機材や照明機材、配信機材などすべて高性能機材を使用しており、移動、組み立て、構築が可能なフルカラー LED ディスプレイ画面で、リアルで繊細な色使いと広い画面を備え、様々なライブ配信イベントに対応しています。

2

ワンストップ サービス

日本語、中国語、英語などの多言語サービス、提案計画、広告運営、ライブイベント、アフターセールスや、各種仕様決定から当日の撮影・現場対応・インターネット上での配信ネットワーク、その他にプロフェッショナルな企画演出・ライブイベント進行などを行っています。

3

多数の宣伝プラットフォーム

「日本トップ APP」、「旅日僑ネット」、「旅日」、「和華」、「中国紀行」、「中国新聞」など多数の宣伝プラットフォームを持ち、長年のソーシャルメディア運営経験があります。またビジネス向けから SNS まで多様な形態で提供が可能で、ライブ配信サービス選定では、視聴者数、累計視聴者数、ライブ配信開始からのアクセス数の推移など、ライブ配信の成果になり得るレポートが集計できるかも確認できます。

4

複合的で ハイブリッドソリューション

東京の一等地に立地し、300 ㎡の多機能展示会場と 100個越えのオンラインコミュニティを持ち合わせています。お客さまのニーズに合わせて映像イベント＆配信ソリューションを提供し、インターネットを利用した簡単・便利な配信ソリューションなども実施しています。

5

幅広い 分野で活躍

過去では 「東京タワーライトアップ」、「絵画・書道・写真展」、などのイベントを開催しました。これらの活動は高評価と高視聴率を獲得し、中国大使館からも注目と後援を集めました。また、これまでは 300 件以上の豊富な経験と実績があり、小規模案件から大規模な会場でのイベント・コンサート・ライブ・学会・シンポジウム・記者会見などの様々な活動を行いました。

クライアントの視点に立って
ライブ配信に関わる全てのサービスをサポート

[問い合わせ]
TEL/03-6228-5659 (孟)
mail/meng@visitasia.co.jp

バックナンバー　　Wechat

通算25年中国駐在の外交官から見た中国

中国の未来は明るい

文・写真 / 瀬野 清水

瀬野 清水 / せの きよみ

Profile

1949年長崎生まれ。75年外務省に入省後北京、上海、広州、重慶、香港などで勤務、2012年に退職するまで通算25年間中国に駐在した。元在重慶日本国総領事館総領事。現在、（一社）日中協会理事長、アジア・ユーラシア総合研究所客員研究員、成渝日本経済文化交流協会顧問などを務めている。共著に『激動するアジアを往く』、『108人のそれでも私たちが中国に住む理由』などがある。

　私には何人か気の置けない友人がいる。そういう人をつかまえて、もしあなたが「中国の未来は明るい」というテーマで作文するとしたら、どんな理由を挙げるかと聞いてみた。「何をバカな」「絶対的権力は絶対的に腐敗するんですよ」「あの独裁国家の未来が明るい訳ないじゃないですか」など、散々な反応が相次いだ。政治力や経済力が傾き始めて、今にも没落しそうな国に向かって「未来は明るい」と言えば、それは励ましになり、今は苦しくとも明けない夜はないと勇気づける言葉にもなろう。しかし、自信に満ち満ちて上昇を続けている国に向かって未来は明るいと言ったら、それは提灯持ちにしか聞こえない。やっかみも手伝って「そんなはずはない。いずれ行き詰まる時が来る」と、冒頭のような反応をしたくなるのは分からないでもない。

　私が長く中国にいて、この国の未来は明るいに違いないと直感したのは今から25年前のことだった。1998年頃の上海は不動産ブームと建築ラッシュで、都市の大改造が始まり、街中が沸き立っているような時代だった。農村からは大量の出稼ぎ労働者が流入し、きつい、汚い、危険の上海人が関わりたがらない「3K」の仕事はこの人たちが安い賃金で担っていた。都会にさえ行けばなんと

かなると手荷物1つでやって来る農村の人たちを「盲流」と称して社会問題視されていた。当然ながら駅周辺の犯罪は多発し、食い詰めた人たちによるスリや置引の被害は後を立たなかったが、その頃お会いした中央や地方の指導者は一様に、ド肝を抜くような夢物語を語っていた。

　曰く、「上海を東西に流れる黄浦江東岸の湿地帯のような浦東地区がいずれアメリカのマンハッタン島のようになる」。曰く、「高層ビルが林立し、近くに大型国際空港や保税区ができて一大金融センター、一大物流センターになる。さらには空港からダウンタウンまで、時速430キロのリニアモーターカーが走り、車で1時間の道のりがわずか7分で結ばれる」。「上海市内は地下鉄や高速道路で縦横に結ばれて、市内のどこからでも30分以内に目的地に到着できる」などなど、遠くを見るような眼差しで熱く語っている人に出会うと、この人は白日夢を見ているのではないかと話半分に聞いていたものだ。

　そんなある夜、私が運転する車で道に迷い、何度か道を尋ねて車を乗り降りしている内にどうやら財布を落としたらしい。財布がないことに気付き、落としたと思われるところに戻ったものの見当たらなかった。スリや置き引きが横行する時代に落とした金が戻ってくるとも思

1998年当時の浦東。真中は建設中の金茂大厦（88階建て420m）。今では世界第2位の高さ（632m）を誇る上海中心タワーなど200棟を越す高層ビルがそびえている

われず、諦めるほかはなかった。しかし、それから一週間ほどして見知らぬ男性から電話がかかってきた。「あなたは瀬野清水か」と男が聞き、そうだが、と私が答えると「あなたは財布を落としていないか」という。私が「落としたが」と答えると男は「大金を落としてがっかりしているだろう」という。この男は人をからかっているのかと思っていると「心配するな。一週間くらい後に届けに行くから」と言って電話を切った。

当時は今のようなクレジットカードやスマホ決済というものがなく、何をするのも現金払いであったので、会食の経費に 3000 〜 4000 元（約 6 〜 8 万円）はいつも財布に入っていた。大金と言うのはそのことを言っているのだろう。財布の中に何枚かの名刺を入れていたので電話をかけてきたと言うが、わざわざ拾った人が届けに来てくれるというからには十分な謝礼をしなくてはと、半信半疑のまま、謝礼を用意して待っていた。一週間くらいが過ぎて再び男から電話があり、今入り口にいるので取りに来るようにという。外には若い男性が立っており、私の長財布を見せて、これはあなたのもので間違いないかと聞く。間違いないと答えると中のお金も確認するようにという。私がパラパラと見て、間違いないと言

浦東で唯一の高さ（468M）だった東方明珠テレビ塔が、今では周囲のビルに抜かれている

うと男は持ち主の手に戻ったらそれでいいんだと帰りかけた。私は慌てて、謝礼の封筒を取り出しながら「これは少ないが私の気持ちだ。受け取ってくれ」と持たせようとすると、男は「こんな物をもらうために届けに来たのではない」と言って走り去ろうとした。私は思いがけない展開に驚きながら追いかけた。せめて名前だけでも教えてくれるようにというと、男は名乗るような者ではない。上海の郊外に住んでおり、一週間に一日しか休みがとれなかったので返すのが今日になってしまったのだと遅れた理由を説明して、人混みに紛れてしまった。私は渡しそびれた封筒を見ながら、今時、こんな若者もいるんだといたく感動した。

　その日の夜、たまたま上海の有力テレビ局のスタッフと会食をする機会があった。宴もたけなわの頃、私が「そう言えば今朝、こんなことがあった」と財布を届けに来てくれた青年のことを紹介し「拝金主義の時代にこんな若者がいる限り、中国の未来は明るいですね」と話した。すると同席のディレクターが「その言葉をぜひテレビの前で話してもらえないか。今すぐにだ」と言われ、私も届けてくれた人と連絡が取れるかも知れないと思い、求めに応じた。そのままテレビ局に向かい、スタジオに入るところからカメラが回り始めた。テーブルに当日財布

に入っていた人民元とクレジットカードを並べ、これだけ入っていた財布をそのまま名も名乗らず届けてくれた若者がいた。こういう若者がいる限り中国の未来は明るい。届けてくれた人は是非名乗り出て欲しい」と言って収録が終わり、映像は翌日の朝から正時のニュースごとに放映された。

　放映の直後に、財布を届けてくれた青年から、「テレビで見たけど恥ずかしいので、私を探すのはやめて欲しい」という電話があった。しばらくすると、「お金を届けたのは僕の弟だ。弟は気が弱いから謝礼を受け取らなかったので、僕が代わりに取りに行っても良いか」と言う電話があった。私は「是非来て下さい。だが、あなたが兄弟と分かるように、弟さんと一緒に来て下さい」と答えると、その後の連絡は途絶えた。「中国でなくした金が返ってくるなんてあり得ない。その金はなかったものとして俺に貸してくれ。利息を倍にして返すから」という電話もあった。

　街中では、日本からの来客を案内して買い物の値引き交渉を手伝っている内に、店主が怒りだして、「あんたのことはテレビで観た。そんなにお金を持っている人がどうして１元や２元のお金を値切ろうとするのか」と叱られる一幕もあった。テレビの影響力の大きさを思い

取り壊しを待つばかりの古い建物。昔の景観が一つ一つ消えていくのは淋しい

1978年、上海の裏道で出会った子どもたちと。皆、貧しくても明るかった。

知ったが、中国といえども普通の人が普通に住む国だと言う当たり前のこともよくわかった。特別の人がいるわけではない普通の国が、わずか25年で白日夢のような物語を全て現実のものにしていることに私たちは驚く。それには賢明な舵取りをする政治の力があり、懸命に応えようとした国民の勤勉さがあり、明日は今日より良くなるという強い上昇志向があったればこその結果に違いない。

先の第20回共産党大会で習近平総書記は、中国式現代化の特徴を「14億という巨大な人口規模、人民全体の共同富裕、物質文明と精神文明の調和、人と自然との共生、そして平和的発展路線を歩む現代化である」と国内外に宣言した。これに異論を唱える国は少ないであろう。「文明が挫折する根本の原因は、内部の不和と分裂である」とのA.トインビーの箴言を待つまでもなく、指導部が固く団結し、初心を忘れず、人の痛みを我が事として行動に移せる、財布を届けてくれた若者のような人材が陸続と育っていく限り、この国の未来は限りなく明るい。きっと中国式の現代化は現実のものとなり、必ずや世界にまばゆい輝きを放っていくに違いない。

（この連載は今回を以て一段落とさせて頂きます。長らくのご愛読をありがとうございました）

日中友好青年大使から見た中国

懐かしの思い出　日中友好作文コンクール訪中団の記録

文・写真 / 井上 正順

井上 正順 / いのうえ まさゆき

Profile

1992年生まれ　北京語言大学漢語国際教育専攻学士・修士号取得。留学中は北京語言大学日本人留学生会代表、日本希望工程国際交流協会顧問等を歴任。2019年に中国でスタートアップを経験。2020年9月に学友と日本で起業。東京都日中友好協会では青年委員会委員長、日中友好青年大使として様々な日中交流活動を企画・運営している。

　本誌をご覧になっている方は中国と深い繋がりのある方が多いと思うので、きっと何らかの訪中団に参加した経験があると思う。中国留学経験者の訪中団、大学生訪中団、政界財界や財団、企業関係の訪中団、昔を辿れば日中友好の船など、名前をあげれば限りがないが、皆さんの中で思い出に残っている訪中団のエピソードはあるだろうか？

　私が印象に残っているのは2017年2月に参加した訪中団である。この訪中団は2016年に日中協会と中国国際交流協会が共催した「日中（中日）友好作文コンクール」の受賞者招待訪中旅行である。作文テーマは「民間交流を通じて中日（日中）友好を促進する」と「陸上と海上シルクロードで中日（日中）経済貿易協力の新しいチャンス」のどちらかを選べたのだが、当時24歳で大学職員として働いていた私は前者のテーマを選択し、「日中90後のこれから」という題名で作文を寄稿した。（「第1回日中（中日）友好作文コンクール」とネットで検索したら、私が寄稿した文章が見つかるので、興味のある方はご覧ください）

　その後、幸いなことに数十名の参加者の中から優秀賞に選んで頂き、4泊5日の訪中旅行の招待を受けた。

　2017年2月22日、北京渡航の日だが、特に東京からの引率等は居なかった。事前にメールで連絡先を共有し、その後WeChatでグループを作り行程表や連絡事項など全て行なっていた。北京現地に着いてから中国国際交流協会のスタッフ＋現地合流する受賞者の方と一緒に中国国際交流協会の本部近くのホテル兼会場を訪れた。テレビやドラマなどでよく見たことのあるような縦に長い会議室に通さ

れ、中国国際交流協会の副会長と懇談。その後はメディアや中国側代表者の方との懇親会が設けられた。

　2日目は、訪問したことのある人も多いと思われる北京のHUAWEIを訪問し、中国最先端の科学技術を体験。その後は中関村の起業家サポート施設、また奇しくも留学先の大学から徒歩10分以内で着く清華園社区を訪問することになった。社区とはコミュニティという意味を指し、行政区間を指す言葉としても使われており、自治体などのコミュニティと似ていると感じる。私は学部留学時代は学校外に住んでいたのだが、門番のおじさんとよく話すくらいで、特に社区の活動の理解はなかった。しかし今回の体験でコミュニティスペースがどのように運営されているか、刺繍や書画、音楽愛好家たちのサークルなど、実際に運営している様子を見学することができたのは大きな体験だった。また、街中や公園でトランプや麻雀、将棋や太極拳、

受入団体である中国国際交流協会での集合写真

中国国際交流協会 劉洪才副会長との交流　よくテレビで見かけた立派な会議室で、まさか自分が一番奥に座るとは

清華園社区を訪問した際　市民の方との交流

広場ダンスなど、色々な活動をしている方が多いが、実際にはコミュニティベースでの組織が支えているということを改めて知った。

　3日目は人生で初めて人民大会堂の中に入った。天安門広場や故宮は何度も行ったことがあるものの、人民大会堂の中に一般人が入れるということを知らなかった。ロビーから万人大会堂、会議室や宴会場など、1万人以上の会議が行われる圧倒的な規模感に驚いたことを今でも鮮明に覚えている。

テレビで何度も見た人民大会堂の万人大会堂

　人民大会堂見学後、本来であれば故宮、紫禁城などを見学する予定だったが訪中団に参加した全員が複数回訪問しているため、臨時で訪問場所を地壇公園に変更した。これも少人数の訪中団だからこそなし得る技なのかと思った。その後、朝陽区の人民代表大会常務委員会との交流を行い、今回の作文テーマの一つである「海上シルクロード」を体験するため飛行機に乗り福建省泉州市まで飛んだ。初めての福建省というところで色々観光したかったが、翌日の夜には北京に戻るハードスケジュールだったため、許可をとった上で夜の泉州市の街並みを散歩した。24時過ぎだったが街中の公園にはライトアップした提灯が飾ってあり、夜食を食べるお店も数多く開いていたのが印象的だった。

　4日目は清源山や海外交通史博物館、開元寺などの海上シルクロードに関連する道家、イスラム、仏教などの文化に関係する施設や泉州の伝統芸能である糸操り人形の見学に行った。会食では泉州市の市長や外事弁公室の担当者と交流し、夜には北京に戻る予定だったが、飛行機が遅延し北京に着いたのは夜中3時ごろだった。

　最終日は中国国家博物館を見学し、その後北京首都空港へ。5日間随行してくれた中国国際交流協会の方々、そして北京に住む受賞者の方と別れ夕方の便で東京へと戻った。

　この訪中団を振り返り、また他の訪中団と比較していくつか他と異なる点や感じるところがある。先ず、当時の私はこのような訪中団に参加したことがなかったので気づかなかったが、5人という非常に小規模な訪中団は珍しく、全行程を通して一人一人の発言チャンスや交流の機会が多かったということ。後に参加した団は最低でも20人程度おり、主催者側、また交流先の方々と中身の濃い話をすることは難しいが、当時の訪中で知り合った方々とは濃密な時間を過ごすことができたため、5年以上経った今でも定期的にやりとりをする間柄である。それ以外にも、当時一緒に訪中したメンバーは、現在も東京都日中友好協会で共に活動する先輩や、起業しながら公益活動の一環で中国と関わりが深い方、北京でメディアに従事していた中国人と国際結婚した方、当時は大学生、今は商社マンで海外を飛び回っている方など、今思えば非常にバラエティーに富んだメンバーだったと感じる。コロナ禍以降は往来が止まってしまい、また会食等の自粛に伴い当時のメンバーと集うことができないが、今回のコラムをきっかけに再度連絡することができた。1日も早く日中両国の正常な往来が回復され、再び訪中団に参加したいという思いが強くなったとともに、今後は少人数で体験や交流ができるコンテンツを組み込んだ訪中団を組織することで、より多くの方に中国を深く知ってもらうことができるのではないだろうか。

元NHK名プロデューサー加藤和郎のしらべもの

論語と日本人〈前編〉

江戸の教育は『論語』から。
私の幼児教育も『論語』から。

思想家、孔子の言葉がまとめられた『論語』に記されている内容は、人として大切にするべき当たり前のことばかりですが、それを簡明に言い表していることから、日本人の心をつかみました。今号の幼児教育のテーマにちなんで日本における『論語』の位置を探ってみましょう。

文／加藤 和郎

加藤 和郎
かとう かずろう

Profile

NHK報道局でニュース取材・特別番組の制作、衛星放送局では開局準備と新番組開発に従事。モンゴル国カラコルム大学客員教授（名誉博士）。「ニュースワイド」「ゆく年くる年」などの総合演出。2003年日中国交30周年記念（文化庁支援事業）「能楽と京劇」の一環で北京・世紀劇院での「葵上」公演をプロデュース。名古屋学芸大学造形メディア学部教授を経て、現在はミス日本協会理事、日本の寺子屋副理事長、能楽金春流シテ方桜間会顧問、i-media主宰など。

日本人は『論語』を愛読している

「日本人の行ないはそのまま"仁"や"恕"や"礼"など論語の徳目を実践しているかのように思えた」。中国のジャーナリストが月刊『Voice』（2019年5月号）に執筆されたこの一文に驚かされました。彼は日本留学で神戸大学・大学院に入り本屋に通ったそう。そのとき、論語関連の書籍がずらりと並んでいることに驚いたのだと。日本人がそれほど『論語』を愛読しているのかと初めて知ったのです。

数千年前の中国に生きた孔子という人の言葉をそれほど大事にしている民族は、日本人以外にないのではないかとも思ったとか。

そして生活のなかでも、『論語』の気配を強く感じた彼。指導教官から下宿先の管理人、バイト先の料理屋の板前など、留学生活で関わった日本人の全員は親切で思いやりがあり、礼儀正しい人たちばかりだったそうです。彼らの行ないはそのまま『論語』の徳目を実践しているかのようにも思え、その姿はそのまま『論語』が語る人のあるべき姿ではないかと思ったと。

画：稚六芸の内　書数 ／ 歌川国貞（中野区立歴史民俗資料館）

「和を以って貴しとなす」も『論語』！？

　孔子は紀元前551年に魯国昌平郷陬邑、現在の中華人民共和国山東省曲阜市生まれと伝えられており、亡くなったのは紀元前479年（73歳）でした。そのとき、日本はまだ弥生時代。ちなみに、日本が書物に登場するのは紀元前1世紀で、漢の歴史書『漢書』に倭人が100余りの小国をつくっていたと記されています。そして、1世紀中ごろ『後漢書』の「東夷伝」に倭の奴国が漢に使いを送って来たので、皇帝が印を授けたと記されています。

　西暦285年ころ15代応神天皇（日本一の前方後円墳で知られる仁徳天皇の父親）の時に、百済から渡来した漢人・王仁博士によって『論語』が伝わったのだと『日本書紀』や『古事記』に記されています。この時に、『論語』十巻と共に「千字文」一巻がもたらされ、日本に「儒教」と「漢字」が伝えられたとされています。

　聖徳太子が604年に制定した『十七条の憲法』の第一条に「和を以て貴しとなす」と記してありますが、これは、『論語』学而篇から採用した言葉であり、「人とよく話し合って協力することを大切にしなさい」という、聖徳太子が思い描いた理想の政治に必須な思いだったのです。

私の家庭教育はまさに寺子屋と『論語』だった

　江戸時代は、各藩に設けられた子弟教育のための「藩校」のほかに、庶民の子どもに読み書きを教える「寺子屋」による初等教育があり、それはそれは現代に負けない充実ぶりでした。なかでも『論語』は老若男女、"知らぬものはない、読まぬものはない"というほどで、声に出して読む「素読」で身につける漢学として優れた実力になったようです。

　寺子屋の名は、室町時代に寺院でおこなわれていた師弟教育から始まったことに由来し、江戸時代には、医者や僧侶、裕福な農民などが運営した「慈善事業的な意味合いのもの」、組織や共同体の出資による「協同事業」、生計を立てるために運営されたものなどがありました。

　私の母は明治生まれで、その父は彫刻師で小笠原流の弓道・礼法師範。また、母は山田流の琴の先生でもあり、私への幼児教育はまさに『論語』から始まり、寺子屋の雰囲気の家でした。

　本来、寺子屋の教育は、まず「いろは」から始め、師匠の「手本」を見ながら書き習う形式で、学習が進むと「往来物」と呼ばれる教科書を用いるのです。

　『論語』には「行有余力、則以学文」（行いて余力あらば、すなわちもって文を学べ）の文言があります。道徳の実践をして余力があれば学問を学ぶということで、学問より道徳を上位としています。家内では親に孝行し兄弟仲良く、外では行いが信・仁である条件を満たした上でなお余力ある者が文字文化を学ぶ資格があるというのです。

　今は勉強が先だという親御さんも多いことでしょう。ですが、人として大切なことは、『論語』からから学ぶような人格形成ではないでしょうか。前述した中国人ジャーナリストの指摘は、素直にありがたく頂戴しておきたくなります。

孔子の切手は
何度もデザインされている

孔子は、釈迦・ソクラテス・キリストとならび、「世界四聖（しせい）」の一人であり、英語では「孔夫子」をラテン語化して"Confucius"としています。それだけに中国では、郵便切手に肖像やゆかりの場所が何度もデザインされており、日本の切手愛好家にも人気です。

近視を予防する目の体操 / 成都

中国万華鏡　第 2 回

你好小朋友

秋山亮二

撮影年 1981~1982 年

Photos©Ryoji Akiyam/by Courtesy of Seisodo

昆明湖の魚採り / 昆明

日本の子供達へのメッセージを書いてくれた小学生 / 成都

王府井の店先 / 北京

夕方遅くまで歩道で勉強をする少年 / 上海

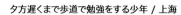

漓江下りの船で / 桂林

中国万華鏡　第2回
你好小朋友

　80年代初めに撮影の仕事で初めて中国に行ったとき、中国の子供はなんて生き生きしているんだろう、なんて元気なんだろう、というのが率直な印象でした。僕はいつも、なんて美しいんだろう、なんてかわいいんだろう、僕もああなりたいと思った時に写真を撮ります。中国の子供達は都市でも農村でも、物はなくてもみんな一生懸命遊んで生きていました。こういう時代があったからこそ今の中国があるんだと感じます。

　2019年に『你好小朋友 - 中国の子供達』の復刻版が出版されたことがきっかけで、当時撮影した子供たち何人かに会うこともできました。北京の王府井で撮影した女の子は、彼女のご主人と一緒に東京の私の家まで来てくれました。成都の復刻版発売記念イベントには、写真の中で「日中児童友誼万歳」という書を持った男の子も来てくれました。写真の中の彼は少し不機嫌な顔をしています。実は彼は当時よく反日映画を見ていて、日本人が嫌いだったそうなんです。そんなことは再会できなければ永遠に知ることはなかった。今、お互いに笑いながらそんな話ができたのは素晴らしいことです。

　復刻版では女の子が近視予防の目の体操をしている写真を表紙にしました。それがこの当時の子供たちすべてに共通する思い出だからです。本が出てすぐ、この表紙の写真は自分だという人から連絡がありました。でも調べてみると撮影した場所や学校が違う。同じような服を着て同じように目の体操をしていた子供がいっぱいいたんですね。私はあまり過去を振り返らない性格ですが、多くの人たちが復刻版が出たことを喜んでくれて、この写真を撮ってよかったと思うようになりました。

＊文章は『你好小朋友-中国の子供達』シリーズから抜粋編集。

あきやま　りょうじ
秋山　亮二

1942年東京生まれ。早稲田大学文学部卒。AP通信、朝日新聞社を経てフリーの写真家に。深瀬昌久、森山大道らと共にニューヨーク近代美術館の「New Japanese Photography」などの国際展に参加。ローライ6×6を使い「旅人の視点」から対象を捉えた独自の世界観を創出。ニューヨーク近代美術館、東京都写真美術館など多数の美術館に作品が収蔵。『你好小朋友 - 中国の子供達』（1983）の復刻版が2019年に発売され反響を呼び、シリーズ作として『光景宛如昨』『往事成追憶』が出版（発行はすべて青艸堂）。作品集は他に『津軽・聊爾先生行状記』（津軽書房）、『楢川村』（朝日新聞社）など。

戦後、初訪中した学生たちの見た中国
訪中学生団57年記念展－ 1965 〜 2022年
齐了吗？ 齐了！齐了！

文 / 竹田 武史　写真 / 井垣清明

日本と中国の国交正常化に先立つこと7年の1965年8月に戦後初の訪中学生団として中国へ渡航し、忘れがたい経験をしてきた人たちがいる。日本と中国との関係が「法的には戦争状態」にあった当時の状況を考えると、その活動は歴史的に大きな意味を持つものだった。
このたび日中国交正常化50周年を記念して、その活動を回顧する展覧会が東京虎ノ門にある中国文化センターで開催された。当時の写真や記念品などが陳列される会場で、第1次訪中学生団に参加し、その後も第8次まで続いた訪中学生団に5度参加、団を運営された「齐了会」代表の井垣清明さんにお話を伺った。

<ruby>井垣<rt>いがき</rt></ruby>　<ruby>清明<rt>きよあき</rt></ruby>

「齐了会」代表

1944年東京都生まれ。早稲田大学第一文学部卒業。東京都立大学大学院（中国文学）中退。（公社）日中友好協会参与、（NPO法人）東京都日中友好協会参与兼書道部会副部会長、「齐了会」代表、日本書学院代表、1984年より北城書社代表。著書に『針灸学』（共訳）『硯と文房諸宝』（単訳）『書の総合事典』（共著）ほか。
訪中歴33回。うち「齐了会」で21回訪中。

INTERVIEW

Q.「齐了会」という名称には、どのような意味があるのでしょうか？

　中国を旅行した人ならば、「齐了吗（チイラマ）？」＝「皆さん、そろいましたか？」「齐了（チイラ）！齐了（チイラ）！」＝「そろいました！」の齐了ですので、ひと言で理解してくれると思います。これは中国のガイドさんが「齐了吗（チイラマ）？」と聞くのに対して、我々は一段と声を張り上げてと応じる。新中国をこの目で見、この耳で聞き、この舌で味わう喜びに、若者らしく明るいチイラ！チイラ！の声を発するのです。これを2週間も繰り返すのですから、齐了（チイラ）は我々団員にとって最も親しみのある合コトバになったのです。
　ちなみに、第1次の訪中学生団ではまだこの名称はありません。旅の最終日を迎える香港での夜に、このまま団を解散してしまうのは余りに惜しいと会合を開き、団員から

羽田空港での歓送風景（1968年、第4次）

の意見やアイデアをまとめて「齐了会」という会を発足したのです。そこへ第2次の訪中団が合流し、さらに第3次からは文化大革命の影響で諸事情が変わったこともあり、「齐了会」が単独で訪中団を主催するようになりました。こうして1972年の日中国交正常化まで毎年欠かさず団を組織し、合計8回の学生訪中団を中国へ送り出しました。関東地区で約800人、姉妹関係にある関西齐了会も合わせるとほぼ1000人に達します。

中央は毛沢東主席

日中青年大交流の記念写真（人民大会堂、1965年）

Q．当時まだ国交のない状況下で、応募された団員はどのような人たちだったのでしょうか？

平たく言うと種種雑多な人々の集まりだったといえますが、当時のことですから、二つの面で制約がありました。

第一にお金です。2週間で15万円弱という額は、旅行の内容からすると破格の安値です。これは日中間に国交がない上、中国政府が招待する「国賓」扱いによるものです。それでも当時の15万円といえば現在の100万円近い額です。多くの学生たちは親にお金を出してもらって参加しましたが、なかには3年間アルバイトをして貯金し、4年目に応募した団員もいました。

第二には思想的問題です。「中国へ行くと就職にさしつかえる」と言われた頃ですから、私のように余程楽観的であるか、あるいは周囲に黙って参加した人も少なくありません。なかには応募はしたものの親から反対されて、渡航をあきらめた人たちもいました。

応募の動機については三つの傾向がありました。ひとつは、アヘン戦争以来の苦境をはね返した抗日戦争や中国革命への憧憬や共感を抱く人々。もうひとつは、古くから歴史的、文化的に日本との関係の深い中国に対して親近感を持つ人々。それと、何でも見たい聞きたいというとにかく好奇心旺盛な人々。それら三つに加えて、幼い時に日本に引き揚げた、故郷が中国だという人も何人かいました。

ちなみに私の場合は、父親が書家だったこともあり、中国の古典文化に幼い時から接し、一方では新しい中国にも興味がありました。そのうえ好奇心も旺盛と、今お話した傾向の複数を併せ持っていたわけです。いずれにしても団員の多くが日本と中国の関係が一刻も早く回復して自由に往来ができるようになって欲しいという思いを共有していたことは間違いないでしょう。

Q．国交のない状況下で、渡航手続きはどのように進められたのでしょうか？

62年にLT貿易覚書が調印され、フランスが中国と国交を樹立した64年には日中の新聞記者の相互交換が実現しました。こうした状況下で65年の2月からは一般の学生も中国へ行けることになりました。中国への扉は少しずつ開かれつつあったのですが、当然のことながら今のように旅行社の代理申請だけでは渡航許可はおりません。例えば、第2次では私が事務局長という立場だったため、外務省や法務省の課長クラスの役人に何度も陳情に行きました。日本の次代を担う我々学生が歴史的関係の深い隣国、しかも

大勢の子供たちが歓迎（1966年 第2次）

入境した深圳税関の歓迎風景（1967年 第3次）

毛語録の朗読で始まった郭沫若氏の接見（1967年 第3次）

延安では紅小兵たちが「熱烈歓迎」（1971年 第7次）

延安のシンボル宝塔と延河（1969年 第5次）

国交回復がなされておらず近くて遠い国となっている中国を見てくるということは、近い将来必ずプラスになることは明白でしょう云々……、とにかく中国へ旅行したいという強い願望を訴えたのです。審議官という高位の人から「中国へ行ったら洗脳される」とか言われ、「自国の青少年を信用しないのですか！私たちは自分の目や耳で見聞し、自分の頭で考えます！」と訴え、不覚にも涙が出たこともありました。

Q. 旅程について教えてください。

第1次は8月12～29日、香港経由で深圳の税関から入境し、広州―杭州―上海―北京という旅程でした。深圳の税関でぬけるような青空に翻る五星紅旗を見上げた時には「アア、中国に来たのだな」と感慨を覚えました。周囲に広がる水田には水牛が草を食み、素裸の少年たちが水浴びをしていました。その様子は私が生まれ育った西台田園の風景と重なり、なんとも懐かしい思いがしました。また、その晩に観た大歌舞叙事劇『東方紅』は、楽隊や合唱団を合わせると1000人からなる大掛かりな演出でした。感動の余り楽屋を訪ね、吹き出す汗でメイクが流れ落ちる役者さんたちと握手を交わしたのは忘れられない思い出です。

移動は貸し切りの列車で、寝台付きのコンパート席でした。提供されたジャスミン茶の茶碗に服務員が何度もお湯を注いでくれて、至れり尽くせりの歓待ぶりでしたが、早朝から勇ましい革命歌が流れるのには閉口しました。とはいえ、列車の旅では暇を持て余します。客車を散歩したり、途中の駅のホームでラジオ体操をしたり、列車のコットン、コットンという音をひたすら聞き続けて時を過ごすわけです。すると「この団には、このコットン、コットンという音の間隔と数を数えるためだけに遣わされたスパイが参加している」という噂がどこからともなく伝わってきたりして……（笑）、まあ、実に悠長な旅でしたね。

Q. 旅のハイライトは？

第1次では、北京で開催されていた「日中青年大交流」（※中国政府は青年団体を招待し、総勢3000人からなる催しを企画。ただし実際に訪中したのは23団体で約300人）とたまたま日程が重なり、我々もこれに参加し、毛沢東主席はじめ国家指導者たちと接見して、一緒に記念写真を撮りました。撮影の直後、ひな壇の一角が崩れて数人が走り出し、毛主席との握手を求めました。私は最上段にいたため間に合いません。幸運にも握手を交わした団員は、「見ろ、ゴールドハンドだ！　触らせてやろうか？」と鼻高々でした。その後の晩餐会では、中国の人々との乾杯の応酬でマオタイ酒を飲み過ぎてホテルの廊下で寝てしまったことも、今となっては懐かしい思い出です。

Q.「斉了会」の訪中は第8次まで続きましたね。当時の状況にあっては、それだけでも大変なことだったと思うのですが……。

第3次以降は文化大革命の嵐が吹き荒れる中での訪中が続きました。ホスト役もこれまでと変わって紅衛兵代表大会とか革命委員会という肩書の人が前面に出てくるようになり、どこを訪問するにも先ずは『毛主席語録』を読むことから始まるのです。そのような中、団員が遊覧船の中でサオをひっかけて毛主席の肖像画を落としてしまい、紅衛兵から「強烈抗議」を突き付けられたことがありました。

日本でも全共闘を中心とした学生運動の盛んな時期でしたから、帰国後に安保闘争や成田空港問題に首を突っ込んだ団員もかなりいました。中国旅行の体験を日本の現実の中でどう生かすか、または殺すか、一人一人の軌跡は異なりますが、当時の私たちにとっては中国に行くこと自体が一つの「闘い」だったのです。「こうした困難な時期だからこそ日中友好交流を続けなければならない」、という思いが活動の原動力になっていましたね。

中国側の通訳や随員たち、井崗山にて（1968年、第4次）

「斉了吗」40周年の祝賀会、北京にて（2005年）

「訪中学生団57年記念展」開幕式テープカット、東京にて（2022年）

Q. このたび 57 年の活動を回顧する展覧会を開催されて、今の心境はいかがでしょうか？

1972年に国交正常化が実現した時には、大きな喜びと共に、それまで張り詰めていた心の糸がプツリと切れてしまったような虚脱感も味わいました。私は28歳になっていました。もっと早く国交回復が実現していたら、誰に気兼ねすることなく中国を訪ね、旅行ばかりか留学をしたり、文学や芸術についても多くのことを学べただろうにと思っています。

今回の展覧会の開幕式には約90人の関係者が会場に集いましたが、中国では100人を超える関係者がネット中継を視聴して下さっていました。これは大変嬉しいことでした。実は、私たちは72年以降も会を継続し、中国を訪問するたびに親交を温め合ってきました。また、35周年を記念して『斉了！ちいら！』を出版した2002年の記念訪中では、中国側の提案で「中国斉了会」が結成されることになりました。今では中国側も日本側もすっかり老人の集まりになってしまいましたが、こうして会を開くと不思議と若い頃の情熱が蘇ってきます。

中国には「人心斉、泰山移」という言葉があるそうです。「心と心がそろうならば、泰山をも動かすことができる」、つまり団結してこそ力が生まれるということでしょう。すっかり時代が変わり、対面交流も儘ならない状況が続いていますが、やはり何事も継続することが大切だと思います。今後もいろいろな方法を駆使して、私たちなりの日中友好交流活動を続けてまいりたいと思います。

第6次（1970年）の「お宝」

大型歌舞劇「東方紅」のジャケット（第3次）

第2次の文集『学生訪中団 中国を行く』

毛主席像＜景徳鎮製＞
（第4次受贈）

2000年不変の対話
日中国交正常化50周年記念慶典

**2022年9月29日、かつて1972年に田中角栄・周恩来両
国首相が『日中共同声明』に署名した記念すべきこの日に、
「日中国交正常化50周年記念慶典」が行われた。法政大学
名誉教授の王敏先生が行った講演内容をまとめた。**

WANG MIN

王　敏

周恩来平和研究所所長。法政大学名誉教授、桜美林大学大学院特任教授、
拓殖大学客員教授、日本アジア共同体文化協力機構参与、国際儒学聯合
会副理事長。日本語の代表作は『宮沢賢治と中国』（国際言語文化振興
財団）、『嵐山の周恩来』（三和書籍）、『禹王と日本人』（NHK出版）。中
国語の代表著作は『嵐山の周恩来』『宮沢賢治傑作選』（中国社会出版社）
『漢魂与和魂』（世界知識出版社）。お茶の水女子大学人文科学博士号取得。
博士論文では宮沢賢治と中国の関係性について研究を行った。

日中国交正常化50周年記念慶典で発言する福田康夫元首相

　京都に行ったことがある人なら嵐山に角倉了以の銅像が
あったのを覚えているでしょう。江戸時代、角倉了以は日本
の禹と目されていました。生前は治水事業に尽力し、嵐山の
大悲閣千光寺で晩年を過ごし、寺の入口には二つの脊柱に
「禹」の文字が刻まれているのが今でもみられます。日本に
留学していた間、周恩来はこの銅像を見に来たのでした。

　周恩来はなぜ角倉了以に関心を寄せたのでしょう？　周
恩来の使った日本語教科書に角倉了以に関連する内容が
あったこと以外に、ある重要な要素があります。母方の祖
父が清末の水利専門家・万青選で、周恩来は幼い頃から耳
学問で水利に関する知識を得ていたのです。南開中学に上

がったときには、すでに9篇の禹に関する作文を書いてい
ました。周恩来は日本の留学から戻ると故郷の紹興を訪れ、
家族で大禹陵に行き参拝しました。今日に至るまでに、紹
興には127の大禹陵が残されています。

　現地の禹王廟の屋根には乾隆帝の手になる「地平天成」
の四文字が書されています。「地平天成」は『尚書・大禹謨』
からとられたもので、禹の治水によって農業が盛んにおこ
なわれ、人々が安泰に暮らせるようにという美しい願いが
こめられています。西暦210年に秦の始皇帝が大禹陵を参
拝してから、歴代の中国の皇帝は紹興に出向き禹陵を参拝
してきました。周恩来の年代の中国人に言わせれば、地平

天成は共通の夢なのです。平成という日本の年号もこの成語と関係があります。1992年に当時の明仁天皇と皇后が訪中をされた年は折しも日中国交正常化20周年の年でした。天皇夫妻の訪中を記念して、その前の月に私は中国で美智子皇后に関する書籍を出版しました。

　周恩来にしてみれば、禹の存在は先祖と関係があるのですが、禹が実現した理想の世界こそ、若き周恩来の理想でもあったのです。日本人の角倉了以が伝えた古代禹の精神とその実現こそが、日本人に幸福をもたらしたのです。角倉了以の最後の夢は琵琶湖の疏水の建設でした。当時のアジアにとって、それは進化と進歩の象徴だったのです。嵐山から望む琵琶湖運河の水力発電は、京都市にいっそうの輝きをもたらしていることでしょう。

　周恩来は二つの詩にその思いを書きとめています。「雨中嵐山」では「模糊の中に一点の光明を見いだす」と書き、同じ日「雨後嵐山」で「電光がぼんやり暗くなった都市に光を射す」と書いています。周恩来は日記の中で日本で学んだことを三つの宝として総括しています。新たな思想、新たな事物、最先端の学問。そのため、周恩来は日本の教科書の中で触れられている嵐山、琵琶湖疏水事業について考察を行ったのです。

　周恩来は（新中国）建国当初から、日中国交正常化をずっと願っていました。その原因を考えてみると、まさに周恩来が言うように、日本人の生活理念、経済文化、生活様式などが中国と不可分の密接な関係にあったからです。このため周恩来の姪の周秉徳さんの記憶では1974年12月5日、臨終に至る重い病の床にあった周恩来は、日本の桜をもう一度見たいと言ったそうです。「日本から帰国してもう55年も経ったが、忘れられないのは1919年に見た桜が満開の風景だ」。周恩来総理の果たせなかった願いを果たすため、友人や親戚が桜が満開の日本を訪れました。これを期に、私たちは2022年の4月5日、周恩来が「雨中・雨後嵐山」を創作した日に、日中国交正常化50周年を記念して、嵐山の大悲閣千光寺に建てられた「雨後嵐山」の詩碑に集まりました。4月5日は清明節、この詩碑は祖先を心に刻み、初心を忘れず、未来を誓う石碑となりました。

　このようにして、周恩来総理と田中角栄首相の感化を受けて、日中友好交流の伝統として、2022年は「周恩来と日本」というテーマをめぐる記念活動が行われましたが、それは日中両国の人々が平和の遺産に注目し発展させたものです。私はこの機会をお借りして、50年後の日中関係と日中友好の意義を考えてみたいと思います。時代

日中国交正常化50周年記念慶典、会場の様子

『福田康夫文集』

『平成皇后美智子』

が変化するにつれ、定義と概念の内容も変化していきます。しかし、平和の目標は人々の考えるそれの最大公約数になるに違いありません。また、様々な領域にわたる、広く深く掘り下げた全方位の対話が必要です。私は本日ご出席いただいた皆様のご支持のもと、そのすべてが可能になると信じております。私も皆さんと共に努力し、平和実現を目標にして参りたいと思います。日中友好の次の50年に向けて。

春花園創立 80 周年記念
春花園 BONSAI 美術館開館 20 周年
『盆栽芸術 - 人』
出版記念イベント

【発行・販売】
株式会社アジア太平洋観光社
電話：03-6228-5659
FAX：03-6228-5994
メール：info@visitasia.co.jp

2022 年 10 月 16 日、東京都江戸川区にある春花園 BONSAI 美術館にて、春花園創立 80 周年記念、春花園 BONSAI 美術館開館 20 周年、『盆栽芸術 - 人』出版記念イベントが開催された。

当日は晴天に恵まれ、会場には日中及び諸外国の盆栽関係者 300 名以上が会場に集った。

式典ではまず関東大和太鼓の演奏から始まり、その後除幕式では武蔵野美術大学の助手である山田百香武さんが描いた絵画「真柏」の披露が行われた。その後は代表者による盆栽入刀、水石据え、達磨の目入れ、鏡割りなどの一連の儀式が行われた。

美術館創始者である小林國雄氏は冒頭の挨拶で、春花園 BONSAI 美術館のこれまでの歩み、そしてこれまで支えてくれた関係者、また人生の集大成である書籍編集に携わった関係者への感謝を述べた。その後、人生の伴侶である妻フミ子氏への感謝と、11 月から景道家元三世を引き受けるにあたっての意気込みを語った。

また当日は来賓として、青柳正規元文化庁長官、島村宣

『盆栽芸術一人』主な編集・制作メンバー

青柳正規 / 元文化庁長官

島村宣伸 / (一社) 日本水石協会会長

須藤雨伯 / 景道家元二世

小林國雄 / 春花園盆栽美術館園主

松下新平 / 参議院議員

劉莉生 / アジア太平洋観光社社長

斉藤猛 / 江戸川区長

神康文 / 春花園盆栽美術館館長

伸 (一社) 日本水石協会会長、斉藤猛江戸川区長、岩﨑苗美世界盆栽友好連盟副会長、須藤雨伯景道家元二世、大西英男衆議院議員・盆栽議員連盟会長、松下新平参議院議員、木村哲也前衆議院議員、劉莉生アジア太平洋観光社社長、元 69 代横綱白鵬こと宮城野親方、所隆宏江戸川区議会議員など各界の代表者が舞台上でスピーチを行った。

それ以外にも舞台上では余興として、どじょうすくいや尺八、三味線の民謡などの日本伝統文化やヒップホップダンス、また中国伝統芸能である変面が披露された。

会も終盤に差し掛かったところで、春花園 BONSAI 美術館の館長である神康文氏が謝辞を述べた。小林國雄氏との出会いから始まった自身と盆栽との人生、それから 11 年間活動してきた想いと師匠である小林氏や関係者の方への感謝、最後にこれからの百周年記念に向けての強い決意が述べられた。

本誌の取材に対して神館長はこのように語った。「来年新型コロナウイルス感染症のパンデミックが落ち着き、中国の隔離政策が緩和された暁には、いち早く中国を訪れ現地の盆栽家たちと交流したい。また 2025 年の大阪万博を見据えて、日本国内でも特に関西エリアを中心に、多くの日中青少年を巻き込んで盆栽の魅力を伝える活動を企画していきたい」

2023 年も春花園 BONSAI 美術館では多くの中国関係のイベントや催しが行われるということなので、今後も目が離せなさそうだ。

小林國雄氏が手掛けた『盆栽芸術 - 人』は『盆栽芸術』三部作の集大成であり、過去の作品はハリウッド俳優のキャメロンディアス・レオナルドディカプリオ両氏、AmazonCEO のジェフ・ベゾス氏も美術館に来館し手に取った傑作です。

中国渡航歴最多盆栽作家が 50 年のキャリアを元に世界に向けて発信する盆栽芸術書の決定版であり、14 年の歳月を経て出版される待望の最新刊は盆栽・水石の芸術性を、諸道具名品を含む多彩な視点で極限まで高め、小林國雄の素顔に迫る人間邂逅編を備えた一冊となっています。英中訳付きであり、日本人ですらまだ深く知らない、世界中を魅了する盆栽芸術の世界を凝縮した書籍を是非ご覧ください！

盆栽業界の方々が一緒に行う「盆栽入刀式」

北京で開催した写真展が日本初上陸
永远的邻居 ＜永遠の隣人＞
―日中国交正常化50周年記念写真展＠東京多元文化会館

永远的邻居 ＜永遠の隣人＞ ―日中国交正常化50周年記念写真展実行委員会主催の本写真展が10月19日から10月30日まで東京六本木にある多元文化会館にて開催された。本写真展は、今年6月に北京にて開催された「永远的领䏡蓺桦鍚殼沬迷岁纪念中日邦交正常化50周年摄影展」の東京展となり、北京展で展示した作品＋日本展オリジナルの作品を25点追加し、合計137作品を、1）故きを温ねて新しきを知る―50年間の交流活動の記録、2）海を隔てて相望む―日本人写真家が見た中国、中国人写真家が見た日本、3）未来へ―両国の青少年の写真作品、の合計3つのパートに分けて展示を行った。写真を撮影したのは日中両国を代表する報道カメラマン、写真家、写真愛好家たちであり、中には元駐日中国大使の程永華氏が撮影した富士山や、駐中国日本国大使の垂秀夫氏が撮影した故宮など、貴重な作品が展示された。

10月18日には本写真展開催を記念した開幕式が開催され、当日は中国大使館の楊宇臨時代理大使、福田康夫、鳩山由紀夫前内閣総理大臣をはじめ、共催団体である日中協会、後援団体の日中友好会館、東京華僑総会、一般財団法人日本アジア共同体文化協力機構などの日中各界の関係者が出席した。また駐中国日本国大使の垂秀夫大使からの祝辞は写真展日本側共同代表の日中協会理事長・瀬野清水様より代読された。

10月22日、30日には日中写真家たちによるギャラリートーク「私の見た日本、私の見た中国」が開催され、国交回復前夜1965年の訪中から今日に至るまで、写真家たちの意思のある視線を通して記録された写真作品を紹介しながら、それぞれの写真家に体験談を語ってもらい、参加者との交流を深めた。

写真展開幕式で行われたテープカット

展示期間中には合計300人以上、幅広い年齢層が来場し、展示の写真を見ながら懐かしさを覚える方もいれば、初めてみた写真に驚きや興味を示している様子も目立った。

写真展を見学した20代の日本人青年はこのように感想を語っていた。「写真は時代を超えて残るものであり、現実の真の姿を写すものなので、お互いの国の文化に触れて心を動かされてシャッターを切る写真家は日中友好の橋渡し役として重要な存在だと再認識した。あらゆる偏見・差異に惑わされず、対等な立場で隣人を見つめて、学んだり尊敬したり感動する人が増えたらいいなあと、今後日中友好活動を進める上での軸を一つ持たせていただきました」

多元文化会館の特別感謝状を受け取る
阿南史代さんと同館代表の劉莉生

芸術家の吴汝俊さんによる京胡の演奏

2022 年は何回パンダに会えたかな？
中国駐大阪総領事館が企画したパンダイベントのまとめレポート

中国駐大阪総領事館は例年数多くの中国の国宝「パンダ」に関連するイベントを開催してきた。2022 年の 1 年間にはどのような活動をしてきたのか？今回は中国駐大阪総領事館協力のもと、特別に本誌紙面で記事をまとめた。

知ってる？ 中国駐大阪総領事館は、世界 200 以上の中国大使館と領事館の中で、ジャイアントパンダの数が最も多い管轄区域に位置する。神戸市立王子動物園 (兵庫県)、アドベンチャーワールド (和歌山県) などがそうだ。

2022.2.1　春節を記念した電話交流

2022 年の春節初日である 2 月 1 日に、管轄エリア内にあるパンダを飼育する動物園である「神戸市立王子動物園」の加古裕二郎園長、そして「アドベンチャーワールド」の今津孝二園長と電話交流を行った。薛総領事と両園長との間で日中国交正常化 50 周年、北京 2022 冬季オリンピック開催の記念すべき 2022 年におけるパンダ交流の意義や、パンダを通じて本年も継続して日中友好に貢献していく方向性を確認した。

最後に、薛剣総領事より灯籠や切り絵、福の字など、春節に関連する飾り物やパンダの好物である果物などが両園に贈呈された。

2022.3.8　国際女性デーオンラインレセプション

国際女性デーを記念して、3 月 8 日に中国駐大阪総領事館主催、貴州省人民政府外事弁公室、貴州省文化観光局の協力のもと開催され、オンライン上には 250 名以上の日中関係者が集った。本イベントでは女性へのエール、貴州省に関連する PR はもちろんのこと、事前に参加者へ送付した羊毛フェルト体験セットを使い、オンライン上でパンダ作りの体験を行った。

また総領事館から特別プレゼントとして、中国出身のパンダの女性代表である「タンタン」に果物をプレゼントした。タンタンの今後の健康を願い、また日本と中国を繋ぐ友好使者となってくれるよう期待がこめられた。

知ってる？ 中国駐大阪総領事館管轄エリアに住んでるパンダはなんと 8 頭！せっかくなので皆でプロフィールを覚えよう！

永明 えいめい（オス）
1992 年 9 月 14 日

旦旦 たんたん（メス）
1995 年 9 月 16 日

良浜 らうひん（メス）
2000 年 9 月 6 日

桜浜 おうひん（メス）
2014 年 12 月 2 日

桃浜 とうひん（メス）
2014 年 12 月 2 日

結浜 ゆいひん（メス）
2016 年 9 月 18 日

彩浜 さいひん（メス）
2018 年 8 月 14 日

楓浜 ふうひん（メス）
2020 年 11 月 22 日

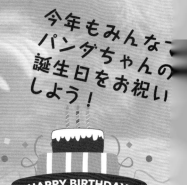

今年もみんなパンダちゃんの誕生日をお祝いしよう！

HAPPY BIRTHDAY

2022.6.8　薛総領事神戸市立王子動物園訪問

薛剣総領事は神戸市立王子動物園を訪れ、病気で一時的に観覧中止になった休養中のジャイアントパンダ「タンタン」を見舞い、1ヶ月前に四川省から神戸へ医療の助言のため来園している中国ジャイアントパンダ保護研究センターの成彦曦獣医師と王平峰飼育員を激励した。タンタンは今年27歳、人間でいえば80歳近い高齢者に相当する。昨年3月に心臓疾患と診断された。

王子動物園パンダ館で薛剣総領事は、神戸市建設局林泰三局長と王子動物園加古裕二郎園長及び2人の中国人専門家に案内されて、「タンタン」を見舞った。また、お見舞いの品としてリンゴを贈り、1日も早く回復するよう祈った。

2022.7.31　中国ジャイアントパンダ保護研究センター専門家による講演会に参加

神戸市立王子動物園で「タンタン」の医療の助言のため来日中の中国ジャイアントパンダ保護研究センター成彦曦獣医師、王平峰飼育員を招いた講演会を開催した。

パンダの成長、野生パンダの救護と復帰をテーマとした本講演会には約200名のパンダファンが集まった。参加者への特別景品として、神戸のお嬢様と称される「タンタン」を擬人化したオリジナルクリアファイルが中国駐大阪総領事館から提供された。講演会が終了してから数日後、2名の専門家は帰国した。

2022.11.4 絵本がつないだパンダ愛『あなたのゆめは？』絵本寄贈式

中国駐大阪総領事館は中国ジャイアントパンダ保護研究センターと共同で「絵本がつないだパンダ愛——『あなたのゆめは？』絵本寄贈式」を神戸市立王子動物園の協力を得てオンラインで開催した。薛剣中国駐大阪総領事、絵本作家の川本泰史氏、中国ジャイアントパンダ保護研究センター主要責任者の李徳生氏が出席、神戸市立王子動物園の加古裕二郎園長からはビデオメッセージが寄せられた。70人余りのパンダファンがオンラインで視聴した。総領事館を通して、「タンタン」をイメージした絵本100冊を四川省の子ども達に寄贈した。

2022.12.17「パンダちゃんと一緒に GO」親子でパンダ見学イベント

中国駐大阪総領事館と和歌山県、そしてジャイアントパンダを飼育しているアドベンチャーワールドが連携し、「パンダちゃんと一緒に GO」親子でパンダ見学イベント＋永明「中日友好特使」任命式が開催された。当日はパンダ観覧、竹あかり作り体験、マリンライブやアニマルアクションを満喫することができ、またパンダクイズで正解  すると特製パンダグッズが GET できたり、昼食で特製パンダ弁当や中国菓子を堪能するなど、内容盛り沢山のイベントだった。

中国駐大阪総領事館主催
関西エリアで日中関係のコンクールを実施

11月5日に中華人民共和国駐大阪総領事館が主催した「私と中国」中日国交正常化50周年記念作文、絵画、写真、ショート動画コンクールの表彰式及び交流会がオンラインで開催された。大阪総領事館管轄エリア（滋賀県、京都府、大阪府、兵庫県、奈良県、和歌山県、鳥取県、島根県、岡山県、広島県、徳島県、香川県、愛媛県、高知県）に在住する日本人を対象に、「私と中国」というテーマに沿った各部門の作品を募集した。小学生から70代の方まで幅広い年齢層から合計97点の応募があった。

本コンクールの表彰式は一部と二部に分かれて開催され、オンライン上には代表者約40名が参加した。

一部の冒頭には主催者側代表として、薛剣総領事が開催挨拶を行った。

薛総領事は挨拶の中で「今回の応募作品に綴られている個人の経験談を読み、両国の民間交流、草の根レベルの交流こそ、中日関係の伝統且つ強みであると感じている。中日交流の根幹は民間にあり、どんな時代においても、如何なる波風が立っても、この民間交流の力が両国関係の安定を保つために非常に重要である」と述べた。

その後司会の方からコンクールの結果が発表された後に、受賞者代表として作文、写真、絵画部門で入賞された代表者の方々から、受賞の感想とこれまで関わってきた中国との思い出や活動を共有した。

第二部では「中国に関する話題をめぐって」というテーマで薛総領事と受賞者代表の参加者同士で交流が行われた。約90分にわたり、「中国との出会い」、「最も好きな中華料理」、「最も気にいる中国文化」、「コロナ後、中国に一番行きたいところ」、「両国関係の将来について」の5つのテーマでざっくばらんに意見交換が行われた。

※「私と中国」受賞作品は本ページに掲載しているQRコードから閲覧可能。尚、本表彰式及び交流会の様子は中国駐大阪総領事館公式YouTubeにて視聴可能。

写真部門第一位

写真部門第一位

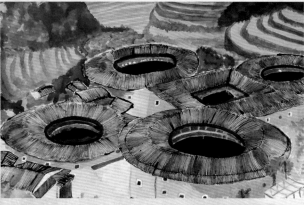

絵画部門第一位

絵画部門第二位

六本木・赤坂で採れた
『生はちみつ』はいかがですか?

弊社では SDGs 事業の一環として屋上でミツバチを飼育しています。ミツバチは、はちみつをつくるだけでなく、多くの花を咲かせ、私たちが普段食べている農作物を実らせてくれる素晴らしい昆虫です。ミツバチからの恵みをぜひご堪能ください。

国産蜂蜜の国内
流通量は
わずか**6%**

100% PURE HONEY

TOKYO BRAND

六本木の生はちみつ

100% Natural pure honey,
made in Japan.

NET 160g

季節のはちみつ(大):2,200円(税込)

TOKYO BRAND

六本木の生はちみつ

100% Natural pure honey,
made in Japan.

NET 50g

季節のはちみつ(小):1,100円(税込)

ミツバチ一匹が一生をかけて集められる
はちみつはティースプーン一杯程度。
ミツバチの命の一滴をあなたに…。

養蜂担当:SDGs事業部
深大寺養蜂園 杉沼えりか

ASIA-PACIFIC TOURISM

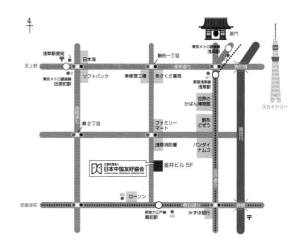

1 公益社団法人 日本中国友好協会

　1950年に創立。日中関係団体の中でも最も古い歴史を持ち、各地に加盟都道府県協会を有する全国組織。日中共同声明と日中平和友好条約の掲げる精神を遵守し、日本国と中華人民共和国両国民の相互理解と相互信頼を深め、友好関係を増進し、もって日本とアジアおよび世界の平和と発展に寄与することを目的としている。

　中国への訪中団の派遣や中国からの訪日団の受入れをはじめ、『全日本中国語スピーチコンテスト全国大会』、日中両国の友好都市間の交流の推進、中国への公費留学生の派遣、会報『日本と中国』の発行等の事業を行っている。

　全国に都道府県名を冠した日中友好協会（県協会）と市区町村を冠した日中友好協会（地区協会）が300あまりの事業・活動を行っている。

🚇 東京メトロ・銀座線「田原町」駅2・3番出口　徒歩7分
　　都営地下鉄・浅草線「浅草」駅A1番出口　徒歩6分
　　都営地下鉄・大江戸線「蔵前」駅A5番出口　徒歩5分

📍 所在地：〒111-0043　東京都台東区駒形1-5-6
　　金井ビル5階

📞 TEL:03-5811-1521
　　FAX:03-5811-1532

2 一般財団法人 日本中国文化交流協会

　1956年3月23日、中島健蔵（仏文学者）、千田是也（演出家）、井上靖（作家）、團伊玖磨（作曲家）らが中心となり、日中両国間の友好と文化交流を促進するための民間団体として東京で創立された。その活動を通じ、日中国交正常化の実現や日中平和友好条約締結に向けての国民世論の形成に寄与した。創立以来、文化各専門分野の代表団の相互往来を中心に、講演会、舞台公演、映画会、音楽会、文物・美術・書道など各種展覧会、学術討論会の相互開催等の活動を展開している。

　当協会は会員制で、会員は文学、演劇、美術、書道、音楽、舞踊、映画、写真、学術（医学、自然科学、人文社会科学）など文化各界の個人、出版、印刷、報道、宗教、スポーツ、自治体、経済界などの団体・法人を中心とする。月刊誌『日中文化交流』を発行。

※入会ご希望の方は、日中文化交流協会までお問い合わせください。

毛沢東主席は周恩来総理とともに、中島健蔵理事長と会見した―1970年10月1日 北京・天安門城楼

📍 所在地：〒100-0005
　　東京都千代田区丸の内3-4-1 新国際ビル936区

📞 TEL:03-3212-1766（代表）
　　FAX:03-3212-1764

✉ E-mail:nicchu423@nicchubunka1956.jp

🌐 URL:http://www.nicchubunka1956.jp/

イベント情報

3 日本国際貿易促進協会

1954 年に東西貿易の促進を目的に設立された。中国との国交正常化（1972 年）までの 18 年間は両国間の経済交流の窓口となり、民間貿易協定の取り決めや経済・貿易代表団の相互派遣、産業見本市、技術交流などの交流活動を展開してきた。

国交正常化以降は中国の改革開放、市場経済化の推進に協力。対中投資協力では、企業進出、現地調達・交渉等への人的協力、投資セミナーのサポートをしている。中国との取引や対中進出に欠かせない中国企業の信用調査と市場調査を中国企業とタイアップし推進。中国で開催される工作機械展の取り纏めや日本で開催される各種国際展への中国企業の参加に協力。旬刊『国際貿易』紙や中国経済六法等を発行し情報提供を行っている。

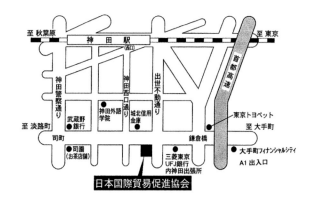

1963 年 10 月 1 日、天安門楼上で会見。2016 年訪中団汪洋副総理会見写真する石橋総裁と毛主席

🚃 JR「神田駅」西口より徒歩 4 分
　地下鉄「大手町駅」A1 出入口より徒歩 5 分
　地下鉄「淡路町駅」淡路町交差点より徒歩 6 分

📍 所在地：〒 101-0047
　東京都千代田区内神田 2 -14 - 4
　内神田ビルディング 5 階

📞 TEL:03-6285-2626（代表電話 / 総務部）
　　　03-6285-2627（業務本部・編集部）
　FAX:03-6285-2940 URL:http://www.japit.or.jp

🌐 北京事務所：北京市建国門外大街 19 号　国際大厦 18-01A 室
　TEL:010-6500-4050

4 一般社団法人　日中協会

1975 年 9 月 29 日、日中国交正常化 3 周年の日に「日中問題の国民的合意をつくる」という趣旨のもと、任意団体として「日中協会」が外務省・自民党・経団連を中心に設立された。1981 年に社団法人化、2014 年に一般社団法人化され、「日本国と中華人民共和国、両国民間の相互理解を深め、もっと両国の友好関係に寄与する」ことを目的として活動している。

主な活動は日中クラブ講演会、会報の発行、訪中団の派遣、中国帰国者のための協力、中国留学生友の会の活動支援、中国訪日団受け入れ、各種イベントの開催、各地の日中協会との協力など。

向坊隆・第 2 代会長（右）と鄧小平・党中央軍事委主席（1989 年 10 月）

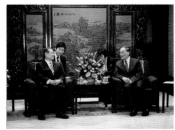 

野田毅会長、王岐山国家副主席と会談　日中クラブ講演会（2019 年 11 月）
（2019 年 8 月 24 日）

📍 所在地：〒 103-0025
　東京都中央区日本橋茅場町 3-4-3 アンザイビル 4 階
📞 TEL:03-6661-2001
　FAX:03-6661-2002
✉ E-mail:jcs@jcs.or.jp
🌐 URL:https://www.jcs.or.jp

5 中国文化センター

中国文化センターは、2008年5月に胡錦濤国家主席が訪日した際、中国文化部と日本外務省が締結した「文化センターの設置に関する中華人民共和国政府と日本国政府との間の協定」に基づき設立。2009年12月14日、習近平国家副主席と横路孝弘衆議院議長により除幕式が行われ、正式にオープンした。

日本人が中国の文化を理解するための常設窓口であり、両国間の文化交流を行うためのプラットフォームであり、相互理解と友好協力関係を促進する架け橋として展覧会、公演、講演会、中国と中国文化の教室、映画上映会などを行い、さらに中国に関する書籍、新聞雑誌、テレビ番組やインターネットなどの情報も提供している。

日比谷線「虎ノ門ヒルズ」駅A2番出口より徒歩2分
銀座線「虎ノ門」駅2番出口より徒歩7分

所在地：〒105-0001
東京都港区虎ノ門3-5-1　37森ビル1F
TEL:03-6402-8168
FAX:03-6402-8169
E-mail:info@ccctok.com
URL:https://www.ccctok.com
開館時間：月曜～金曜　10:30~17:30
休館日：土日祝・展示入替作業日・年末年始

※都合により内容が変更になる場合がございます。最新情報は中国文化センターのホームページをご確認ください。

6 公益財団法人　日中友好会館

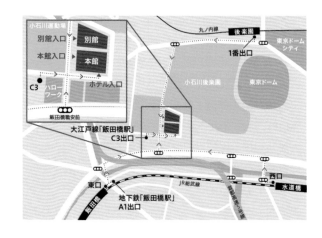

日中友好会館は日中民間交流の拠点として、中国人留学生の宿舎「後楽寮」の運営、日中青少年交流、文化交流、中国語教育・日本語教育を行う日中学院など、さまざまな事業を展開している。日中関係の一層の発展に寄与するため、両国間の記念行事や中国要人の歓迎行事などにも積極的な協力を行っている。

「日中友好後楽会」は、（公財）日中友好会館の賛助組織であり、日中友好会館にある「後楽寮」に住む中国人留学生との親睦を深めるさまざまなイベントを開催し、年1回の中国旅行も行っている。
※賛助会員になり、中国留学生と交流しませんか？ご興味がある方は、下記までご連絡ください。

【後楽会事務局】TEL: 03-3811-5305
　　　　　　　　E-mail: kourakukai@jcfc.or.jp

都営大江戸線・「飯田橋」駅C3出口より徒歩約1分
JR総武線、地下鉄東西線・有楽町線・南北線　「飯田橋」駅
A1出口より徒歩7分
地下鉄丸ノ内線「後楽園」駅より徒歩10分
所在地：東京都文京区後楽1丁目5番3号
TEL :03-3811-5317（代表）
URL:http://www.jcfc.or.jp/
美術館や大ホール、会議室の貸出しも行っています。お気軽にお問い合わせください。

7 | 清アートスペース / 日中芸術交流協会

　清アートスペースは 2017 年 6 月六本木に設立し、2021 年より四ツ谷に新しいスペースを構えて移転した。

　企画展、イベントなどを開催し、アートの新たな可能性と地域との繋がりを広める活動をしてきた。アジア現代美術に焦点を絞り、交流事業のコーディネーション、アーカイブ資料の整理や学術的調査研究なども行っている。一方、若手新進アーティストの支援プロジェクトを実施し、グローバル情報発信やアートと社会との繋がりを築くように努めている。

　一般社団法人日中芸術交流協会（JCA）は 2018 年に清アートスペースの代表者関藤清氏によって設立された。当協会は芸術や文化的交流を通じて、日本と中国の相互理解を深めることを目的とし、日中芸術の共栄促進を図っている。各国文化・芸術界で文化推進のために活躍している学者や研究者などの集まりの場となっている。

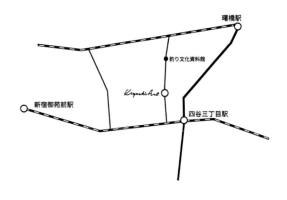

📍 東京都新宿区愛住町 8–16　清ビル

📞 TEL:03-6432-9535
　FAX:03-6432-9536

✉ E-mail:info@kiyoshi-art.com

🌐 URL: www.kiyoshiart.com
　開館時間：水曜日 ~ 日曜日　11:00~19:00
　休館日：月曜日・火曜日

8 | 多元文化会館

　多元文化会館は、東京六本木にある文化交流のための展示・イベントスペースである。当施設は、1 階常設展スペース、2 階多目的ホール、地下 1 階公演ホール、各階の収容人数が最大 120 人、様々な行事やイベントの開催が可能。日中間交流に関わるイベントに限らず、様々な文化の多元性を伝える展覧会や講演会などにも利用いただける。展示だけでなく販売や飲食も可能な文化拠点として、多くの方が集える場を提供している。

　利用目的としては講演会、会議、文化教室、各種展示会、販売会、公演、オークション会、コンサート、懇親会などに使用が可能。

📍 所在地：〒 107-0052
　東京都港区赤坂 6-19-46　TBK ビル 1-2 階

📞 TEL:03-6228-5659

🌐 URL:https://tagenbunka.com/
　開館時間 :10 時 ~19 時
　休館日：月曜日、祝日
　入場料：各イベントによって異なる
　※予約には利用申込書が必要ですので、詳しくはホームページをご覧ください。

和華

草の根外交を目指し、
日中「平和」の「華」を咲かそう！

　小誌『 和華 』は 2013 年 10 月に創刊された季刊誌です。『和華』の「和」は、「大和」の「和」で、「華」は、「中華」の「華」です。また、「和」は「平和」の「和」でもあり、「華」は、美しい「華」(はな) です。『和華』の名前は、日中間の「和」の「華」を咲かせるという意味が含まれています。その名の通りに、小誌『和華』は、どちらにも偏らず、日中両国を比較 することによって、両国の文化発信、相互理解と友好交流を目指します。

第 35 号（2022.7）

 第 27 号（2020.9）

 第 28 号（2020.12）

 第 29 号（2021.3）

 第 30 号（2021.6）

 第 31 号（2021.9）

 第 32 号（2022.1）

第 33 号（2022.4）

 第 34 号（2022.7）

 第 19 号（2018.9）

第 20 号（2018.12）

 第 21 号（2019.3）

 第 22 号（2019.6）

 第 23 号（2019.9）

 第 24 号（2019.12）

 第 25 号（2020.3）

 第 26 号（2020.6）

 第 11 号（2016.7）

第 12 号（2016.10）

 第 13 号（2017.1）

 第 14 号（2017.4）

第 15 号（2017.9）

第 16 号（2017.12）

 第 17 号（2018.3）

第 18 号（2018.6）

 第 3 号（2014.6）

第 4 号（2014.9）

第 5 号（2014.12）

第 6 号（2015.4）

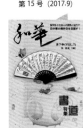 第 7 号（2015.7 ）

第 8 号（2015.10）

 第 9 号（2016.1）

  第 10 号（2016.4）

※ハガキの切手代はご負担でお願いいたします。

郵便ポストにご投函ください。

購読申込書とアンケートに必要項目をご記入後、切手を貼って、

『和華』購読申込書

バックナンバー購読

『和華』第（　　　　）号
の購読を申し込みます。

新規年間購読

『和華』第（　　　　）号
から年間購読を申し込みます。

受取人名

_____

送り先住所
〒　　ー

_____

領収書宛名
（ご希望の場合）

_____

お電話番号

　　　　ー　　　ー

_____

メールアドレス

_____

通信欄（ご連絡事項・ご感想などご自由にお書きください）

....
....

『和華』アンケート

第 36 号 特集「日中幼児教育の最前線」
※該当する項目にチェックをつけてください。

1. 本号の発売、記事内容を何で知りましたか？
□書店で見て　　　　　□ホームページを見て
□ Facebook で見て　　□他の新聞、雑誌での紹介を見て
□知り合いから勧められて
□定期 / 非定期購読している
□その他

2. 本誌を購読する頻度は？
□定期購読　　　□たまたま購読　　　□今号初めて

3. 今月号をご購入するきっかけとなったのは？
□表紙を見て
□記事をみて（記事のタイトル:　　　　　　　）

4. 今月号で好きな記事を挙げてください。
□特集（　　　　　　　　　　　　　　　　）
□特集以外（　　　　　　　　　　　　　　）

5. 今月号でつまらなかった記事を挙げてください。
□特集（　　　　　　　　　　　　　　　　）
□特集以外（　　　　　　　　　　　　　　）

6. 今後どのような特集を読んでみたいですか？
（　　　　　　　　　　　　　　　　　　　　）

7. 『和華』に書いてほしい、または好きな執筆者を挙げてください。
（　　　　　　　　　　　　　　　　　　　　）

あなたのバックナンバー１冊抜けていませんか？

お問い合わせ：
株式会社アジア太平洋観光社
〒107-0052 東京都港区赤坂 6-19-46
TBK ビル 3F
TEL：03-6228-5659
FAX：03-6228-5994

郵便はがき

107-0052

ここに切手を
貼ってください

東京都港区赤坂 6-19-46
TBK ビル 3F
アジア太平洋観光社（内）
日中文化交流誌『和華』編集部
購読係　行

お名前（フリガナ）

年齢　　歳（男・女）　ご職業

ご住所

電話番号　　－　　－

ご購読新聞名・雑誌名

郵便はがき

107-0052

ここに切手を
貼ってください

東京都港区赤坂 6-19-46
TBK ビル 3F
アジア太平洋観光社（内）
日中文化交流誌『和華』編集部
読者アンケート係　行

お名前（フリガナ）

年齢　　歳（男・女）　ご職業

ご住所

電話番号　　－　　－

ご購読新聞名・雑誌名

編集後記

子どもって、奇跡の連続だし親の鏡

筆者の息子：神玄輝

　2022年4月11日、コロナ禍で不安を抱えながらも元気な男の子が生まれ、私は母親になりました。8カ月の子育てを経て、どうして子どもを産んだのか、子どもは一体どんな存在なのかを改めて考えてみると、それは奇跡の連続であるとともに親の鏡ではないかと思うのです。

　子どもの誕生は新しい生命との出合いを意味し、彼はまず独立した一人の人間であり、次に親の子どもなのです。彼は唯一無二の存在で、両親の状況やなんらかの環境に違いがあったなら、今の目の前にいないのです。

　妊娠を知った瞬間の驚きと喜びを覚えています。その時から私はもう私だけではなく、私の命と別の命がつながっていました。この新しい生命は体の中でゆっくりと成長して、米粒のような大きさからだんだん鼻と小さな手を見ることができるようになり、それから初めて胎動を感じて、いよいよ元気な産声でこの世に生まれ落ちました。生命の誕生はまさに奇跡の連続だと、感嘆せずにいられません。

　しかし、初めての子育ては苦痛を伴うものでした。理由のわからない泣き声、夜何度も起きて授乳する辛さ、粉ミクルを作って哺乳瓶を洗い、おむつを替えて、病気になれば、どうなってしまうかと胸を痛め……。

　しばらくして、そんな苦しみは子どもの日々の成長を見るたびに消えていきました。たとえば、初めて私を見て微笑んだ笑顔、初めてのハイハイ、初めて生えた小さな歯、そしてこれから見せてくれるだろう初めての一歩、声を出して呼んだくれる「ママ」……そして彼は幼稚園に行き、小学生になって、中学・高校に行くでしょう……。

　親はこの特別な命を深く愛し、子どもに見返りを求めない無条件の愛を注ぎます。少しずつ成長する子どもの姿に、私の両親が無私の愛情で育ててくれた子どものころの私の姿を見るのです。子どももまた、私に新しい世界や、違う私を見せてくれます。

　子どもが愛されていることを知ったら、大人になって他の人も愛することができます。やがて大学に入り、仕事をして、自分の家族と子どもを持ち……彼は親となる。

　幸運にも、子どもの生命と自分が連綿とつづいているという奇跡の連続性に参加して、共に特別な経験をさせてもらうことになりました。同時に、子どもが親にもたらす喜びと温かみ、その愛情がかけがえのないものと知りました。

　一方で子どもは親の鏡でもあり、親の言動や価値観を映し出します。親は子どもに望み通りにしてほしいなら、自分で手本を示す必要があります。もし子どもに約束を守ってほしいなら自分が守らなければならない。子どもに本を読んで欲しいなら自分で読まなければならない……。子どもを教育することで、親も自分のことを見つめ直し、反省し成長して、新しい人生の旅を始めるのです。

　親として唯一、最もすべきことは、子どもを愛の滋養の中で成長させていくことです。そうすれば子ども自身が自分の力で、親が見たことのない風景を見に行き、親が経験したことのないもっと素晴らしい人生を経験していくことでしょう。

『和華』編集長
孫秀蓮
2022年12月吉日

和華 第36号　特集　日中幼児教育の最前線

監　　修	周　鋒	
	王　苗	
発 行 人	劉　莉生	
和華顧問	高谷　治美	
編 集 長	孫　秀蓮	
編集デスク	重松　なほ	
企画編集	井上　正順	
デザイナー	鄭　玄青	
	Alicia Lee Pau Yee	
編　　集	許　可	
校　　正	Woman Press	
アシスタント	陳　斯寒	
	孟　瑩	
	陳　晶	
執　　筆	瀬野　清水	
	加藤　和郎	
	秋山　亮二	
	竹田　武史	
ライター	寺島　礼美	
題　　字	李　燕生	
	（北京大学歴史文化資源研究所	
	金石書画研究室主任）	

定価：850円（本体773円）
『和華』第36号 2023年1月26日 初版第一刷発行
発行：株式会社アジア太平洋観光社
住所：〒107-0052
　　　東京都港区赤坂6-19-46 TBKビル3F
Tel:03-6228-5659
Fax:03-6228-5994
E-mail: info@visitasia.co.jp

発売：株式会社星雲社（共同出版社・流通責任出版社）
住所：〒112-0012　東京都文京区水道1-3-30
Tel:03-3868-3275

印刷：株式会社グラフィック
無断転載を禁ず
ISBN978-4-434-31460-5　C0039